股权控制与运营
解决方案

正确应对控制权被稀释、摊薄等风险

王永红◎著

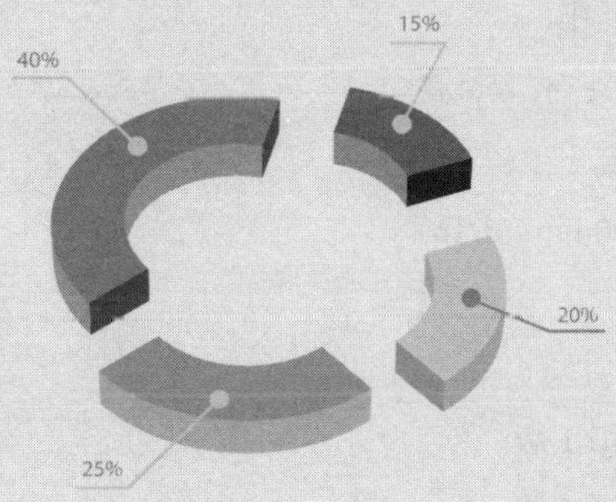

中国经济出版社
CHINA ECONOMIC PUBLISHING HOUSE
·北 京·

图书在版编目（CIP）数据

股权控制与运营解决方案：正确应对控制权被稀释、摊薄等风险 / 王永红著．—北京：中国经济出版社，2017.9（2020.6重印）
ISBN 978-7-5136-4785-4

Ⅰ．①股…　Ⅱ．①王…　Ⅲ．①股份有限公司－股权－研究－中国
Ⅳ．①F279.246

中国版本图书馆CIP数据核字（2017）第176007号

责任编辑　海　毅　高晓晔
责任印制　马小宾
封面设计　任燕飞设计室

出版发行　中国经济出版社
印 刷 者　北京柏力行彩印有限公司
经 销 者　各地新华书店
开　　本　710mm×1000mm　1/16
印　　张　15.5
字　　数　236 千字
版　　次　2017 年 9 月第 1 版
印　　次　2020 年 6 月第 5 次
定　　价　58.00 元
广告经营许可证　京西工商广字第 8179 号

中国经济出版社 **网址** www.economyph.com **社址** 北京市西城区百万庄北街 3 号 **邮编** 100037

前言

如何避免你养大的“孩子”叫别人“爹”

有一句话这样说：世界上最惨痛的事，不是生与死的离别；也不是我站在你面前，你却不知道我爱你；而是我曾一手带大的公司，最后却把我残忍地踢出局。

随着国内资本市场的风生水起，金融资本对产业资本的渗透越来越强，在此背景下企业创始人和资本方的控制权之争愈演愈烈。

2001年，新浪在美国上市的第二年，其创始人王志东被赶出董事会，失去对新浪的控制权。

2006年，雷士照明引入外部投资者软银赛富，最终引发与创始人吴长江的股权之争。

2008年，国美引入贝恩资本，挑起了创始人黄光裕与职业经理人陈晓之间的控制权争夺战。

2009年，1号店引入平安资本，创始人沦为打工者；2015年，平安将1号店转手卖给沃尔玛，创始团队彻底出局。

2011年，中芯国际陷入股权争夺战，公司管理层与大股东全面交恶。

2013年至今，山水水泥一直在上演一场没有硝烟但激烈程度绝不亚于沙场厮杀的股权混战。法庭上的“文斗”，各路人马对峙的“武斗”，第三方股东的介入，债务违约的爆发……留给山水水泥的是近20亿元的亏损额。

2016年，万科的股权之争更是一幕紧张激烈的大戏。宝能系旗下前海人寿及其一致行动人钜盛华连续举牌万科，超越华润成为第一大股东。万科明确表示不欢迎宝能系成为万科第一大股东。宝能系则针锋相对，提出包括罢免王石、郁亮等10位董事及2位监事在内的12项议案，并在引入深圳地铁重组预案中投出反对票。万科管理层多次面临失去控制权的危机。

……

企业做大做强离不开创始人和团队的齐心合力，但做大做强之后，利益纠葛、控制权之争等股东间的矛盾也往往会浮出水面。众多企业要么派系横生，经历着长达数年的拉锯战，要么多年的合伙人如仇人般散伙……这种内部动荡，往往会给企业带来巨大的风险。

为什么股权纷争难以平复？为什么创始人被踢出局的事件频繁发生？究其缘由，还是创始人不懂股权控制和运营技巧。要避免股权纷争，丧失控制权，创始人可以从以下几方面入手。

第一，合理设置股权结构，从根本上筑牢企业控股权。把握好股权设置的“生命线”；了解股权设计的四大规律；掌握股权设计的进入与退出机制……这些技巧的掌握都有助于创始人筑牢控制权。

第二，掌握好股权融资的“界限”。创始人在什么时候容易失去控制权？就是在企业因发展不断进行股权融资时，创始人手中的股权因为多轮融资不断稀释，直至让自己一手养大的“孩子”叫别人“爹”。所以，不管创始人要进行多少轮的股权融资，都要以保住企业控制权为前提。

第三，企业一旦上市，创始人手中股权的价值就能不断翻倍。而觊觎股权的“敌人”也就越来越多。那么，创始人就要掌握“收购与反收购的道法术”，利用“焦士政策”、“白衣计划”、“毒丸计划”等，来牢牢掌控手中的股权。

当下，合伙创业、股权融资、股权众筹、股权激励、股权上市等可以说是企业合纵连横的大势。但是这种大势背后，企业主存在着丧失企业控制权的较高风险。因而掌握一套关于股权控制与运营的整体解决方案，让企业既可以融到资金、激励人才，又能确保控制权不旁落和减弱，是有识之士的“必修课”。

目录

CONTENTS

前言

第 1 章
那些著名的股权生死战

中国房地产第一股万科的股权争夺战尚未尘埃落定，格力电器、山水水泥、民生银行等公司的股权和话语权争夺又接力上演。纵观中外，股权争夺就是一场没有硝烟但异常残酷的利益战争，在不见血的厮杀中有反目成仇的，有被迫出局的，有黯然离场的，有锒铛入狱的……

1.1 格力电器，一年数次交锋的战争 / 2

1.2 万科地产，“三国”争霸公司控制权 / 5

1.3 1号店，创始人沦为打工者 / 11

1.4 汽车之家，企业家情怀PK资本利益 / 14

1.5 雷士照明，兄弟式结伙，仇人式散伙 / 17

1.6 民生银行，五大派系角逐董事会 / 23

第 2 章
股权与控制权，制衡与反制衡的战争

股权是股东权益的简称，是指投资人向公民合伙组织或企业法人投资而享有的权利。公司控制权是从股东权益中派生出来的经济性权利，它在本质上是一种新的利益存在方式，是利益冲突的产物。股权与控制权往往引发一系列制衡与反制衡的战争，最终通过内部牵制，使得任何一个大股东都无法单独控制决策，达成大股东相互监督的股权制衡机制，既能保留股权相对集中的优势，又能有效抑制大股东对公司利益的侵害。

2.1 掌握控制权，做时代的股东 / 30

2.2 股权、股份、股票 / 32

2.3 起底股权纷争的源头 / 41

2.4 股权与公司治理 / 44

2.5 直接持股、间接持股、交叉持股 / 49

第 3 章
股权结构，从根基上筑牢控制权的防线

清晰、合理的股权结构是筑牢控制权的前提。同室操戈的“西少爷”，一夜分家的“泡面吧”，劳燕分飞的“罗辑思维”，对簿公堂的“真功夫”……无数企业因股权结构不合理导致控制权之争，使团队分崩离析，企业发展受阻。所以，企业必须在初创时期就做好股权结构设计。

3.1 股权结构，纷争背后的“硬伤” / 58
3.2 “四大线”和“四小线” / 64
3.3 贡献估值法防止合伙人翻脸 / 68
3.4 股权设计四大规律：纵、横、动、静 / 71
3.5 设计机制，畅通股权进退渠道 / 77
3.6 章程设计，源头狙击“野蛮人” / 81

第 4 章
股权融资，留下公司绝对话语权

企业在成长、发展、扩张的过程中，需要不断融资。天使、A 轮、B 轮、C 轮，甚至 D 轮，每一轮都是以稀释创始人的股权为代价换取企业的输血增值。不断融资意味着创始人在公司上市之时，可能已经沦为小股东，甚至已经丧失了话语权。因此，如何在融资的过程中避免控制权旁落，是一个特别值得关注的问题。

4.1 股权融资的底线是保持公司的话语权 / 86
4.2 走好股权融资的关键五步棋 / 93
4.3 用商业计划书“砸”开融资大门 / 95

4.4 尽职调查，让投资者了解股权价值 / 100
4.5 避开陷阱，融资就是馅饼 / 107
4.6 三个融资技巧把握公司主导权 / 112

第 5 章
股权众筹，控制权不旁落

股权众筹即通过互联网平台，用股东身份和股权来换取投资人的资金。但凡出让一定股份，引进其他股东，创始人如果没有合理布局，就容易丧失控股地位，进而失去对公司的控制权。股权可以分散，但控制权必须集中，有必要将风险防范到最低。

5.1 股权可以分散，控制力不容弱化 / 120
5.2 互联网时代的股权众筹生态圈 / 122
5.3 熟悉流程，菜鸟也能玩好众筹 / 126
5.4 选好平台，众筹不再“愁” / 128
5.5 避开风险，众筹越筹越“猛” / 132
5.6 归集表决权，掌握众筹中的控制权 / 135

第6章
股权激励，控制权与激励效应必须兼得

股权激励作为一种长期激励措施，通过授予经营者公司股权，使他们能够以股东的身份参与企业决策、分享利润、承担风险，从而勤勉尽责地为公司的长远发展服务，这是企业提升竞争力的重要手段。但股权激励在实施过程中，有必要采取种种手段避免控制权旁落他人。

6.1 股权激励合理，牢牢把握控制权 / 144

6.2 不让公司控制权旁落的股权激励八定法 / 147

6.3 是药还是毒，六个股权激励误区要避免 / 184

6.4 初创企业，七步虚拟股权激励法 / 188

6.5 上市公司，期权激励助业绩增长 / 193

6.6 新进高管，循序渐进激励法 / 202

第 7 章
股权上市，控制权博弈的高端战场

上市可以让企业获得新的融资渠道，完善企业法人治理结构，夯实企业发展的基础，提升企业的品牌价值和市场影响力，提升企业在客户、供货商和金融机构等心目中的地位。但正所谓有利就有弊，上市后企业因为价值提升较快，往往成为各方觊觎的目标，也将面临一个控制权博弈的高端战场。在这个战场，如果不懂规则，胡乱出牌，控制权更迭将不可避免。

7.1 高端战场，控制权争夺无间道 / 206

7.2 选择上市时机，获得更高市盈率 / 214

7.3 选择上市地点，符合发展目标与诉求 / 217

7.4 选择上市板块，符合企业实际情况 / 221

7.5 选择上市模式，适合的才是有利的 / 229

7.6 收购与反收购，控制权博弈的道法术 / 235

第1章

那些著名的股权生死战

中国房地产第一股万科的股权争夺战尚未尘埃落定，格力电器、山水水泥、民生银行等公司的股权和话语权争夺又接力上演。纵观中外，股权争夺就是一场没有硝烟但异常残酷的利益战争，在不见血的厮杀中有反目成仇的，有被迫出局的，有黯然离场的，有锒铛入狱的……

1.1 格力电器，一年数次交锋的战争

“我要么不做，做就要做到最好。面对外界的不理解，大多数人选择妥协。其实这时候你要敢于坚持下去，用结果告诉他们，你的决定是正确的。”这是董明珠在一次接受采访时的公开讲话。作为格力电器的掌舵人，董明珠一向快人快语，作风强硬。面对“野蛮人”敲门，董明珠更是自信满满，毫不妥协。

2016 年，格力电器先后遭遇了多次“野蛮人”敲门的资本危机，在董明珠的带领下，格力电器坚持控制权不妥协，以强势的姿态直面“野蛮人”入侵。

其实，早在 2015 年年底万科被宝能举牌后，就有分析认为格力可能成为险资进攻的下一个目标。因为在外界看来，格力电器股权分散、估值偏低、现金流好、大股东持股少，是 A 股最适合举牌的公司之一。格力电器的第一大股东为珠海市国资委 100% 掌控的格力集团，持股 18.22%。此外，第二大股东为格力经销商组成的河北京海担保，持股 8.91%。加上董明珠个人的 0.74% 股权，格力系控制股权不足 30%（见图 1-1）。格力的 P/E 估值在内地所有家电上市企业中也是最低的，2015 年仅为 13.1 倍。与之对标的美的集团和青岛海尔分别为 14.7 倍和 18 倍，更不用说如惠尔普、九阳股份、苏泊尔、华帝股份等体量较小的家电企业了（2015 年 P/E 估值分别为 25 倍、24.4 倍、25.5 倍、49 倍）。按照格力电器当时的市值来计算，只需 400 亿元就能成为格力电器第一大股东。达到 5% 的举牌线只是时间问题。自 2016 年 9 月份以来，格力电器股价最高涨幅高达 44%。2016 年 12 月 1 日，格力电器股价更是创历史新高，一举涨到 31.32 元 / 股。按照险资举牌

的逻辑，格力理所当然是最佳“人选”。

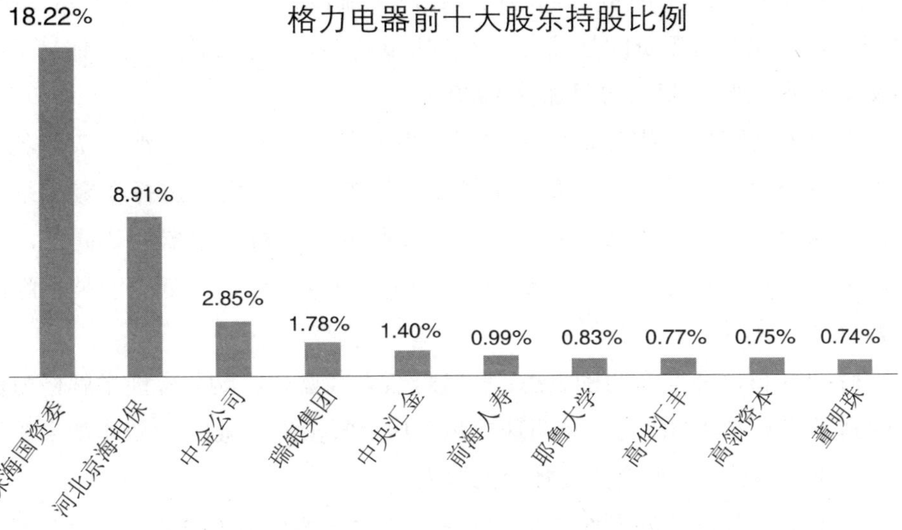

图 1-1　截止到 2016 年 9 月 30 日格力电器前十大股东持股比例

2016 年 4 月 29 日，在格力电器公布的 2015 年财报中，宁波普罗非投资管理有限公司以 0.71% 的持股比例赫然出现在格力电器前十大股东名单中，一度引发投资者对于“野蛮人”的各种猜测。

然而，在随后格力电器公布的 2016 年一季度报中，宁波普罗非投资管理有限公司却从格力电器前十大股东当中消失，宝能系旗下前海人寿的持股比例却从最初的 1.14% 上升至 1.5%。

2016 年 11 月 17 日，宝能系开始大举增持格力股份，持股比例由 2016 年三季度末的 0.99% 上升至 4.13%，持股排名由公司第六大股东上升至第三大股东。

大家惊呼，“野蛮人”来了。

4.13% 的持股比例，这在 A 股市场是一个极其敏感的数字，因为其距离 5% 的举牌线仅一步之遥。

这一次，“野蛮人”已经站在了格力门口，股权争夺战箭在弦上。

11月24日晚间，一则署名为“珠海格力电器股份有限公司”的《关于公司全员每人每月加薪1000元》的通知在网上流传。通知内容显示，从2016年12月起，在现有月工资的基础上，格力电器将对入职满三个月的全体员工（特殊议薪人员除外），每人每月加薪1000元。

格力电器随后向媒体证实了加薪一事，并表示此次加薪涉及7万名左右员工，每年要为此增加支出约8.4亿元。外界认为，格力选择在宝能系大举增持时加薪，可谓一石多鸟：既深化了普通员工对格力电器的认同感，增强凝聚力，稳定了军心，另外，通过加薪增加自身负债，降低企业被举牌的吸引力。

12月3日，证监会明确表态：反对野蛮人强盗式收购。宝能举牌格力似乎是受到了前所未有的阻力。董明珠更是怒斥“野蛮人”敲门：“资本如果成为中国制造的破坏者，他们会成为社会的罪人。”

12月9日晚，前海人寿发布声明称，将不再增持格力股票，并会在未来根据市场情况和投资策略逐步择机退出。

格力的“入侵”警报可以暂时解除了。

而根据深交所披露的信息显示，2016年12月20日，董明珠以“竞价交易”形式购入2万股格力电器股份，购入数量在总资本中占比约0.0033%。增持后，董明珠在格力电器的持股数量上升至44 318 492股，位列格力第九大股东。未雨而绸缪，经此一役，格力应对能力将大大增强，但仍须尽快解决股权分散和股东间的“内部矛盾”等问题。

1.2 万科地产，“三国”争霸公司控制权

从王石表示不欢迎“门口野蛮人”“宝能系”成为万科第一大股东开始，到宝能针对万科管理层发表罢免全部董事会成员的逼宫议案，到后面各路人马加入，万科这场股权战争已持续近一年。

其实，早在 2015 年 7 月，这场战争就已经打响。

2015 年 7 月 10 日，宝能系旗下前海人寿耗资逾 80 亿元购入万科 A 股 5.52 亿股份，之后在 7 月底和 8 月底又联合一致行动人钜盛华分别买入万科 5% 和 5.04% 股份，将股份增至 15.04%，逼近第一大股东华润的 15.23%；11 月 27 日，宝能系通过南方资本等资管通道，涨停板扫货，将股份提升至 20.01%，超越华润成为万科第一大股东；12 月 10 日至 12 日，钜盛华连续增持万科 A 股，至此，宝能系累计动用资金 380 亿元左右，持股比例达 22.45%（见图 1-2）。

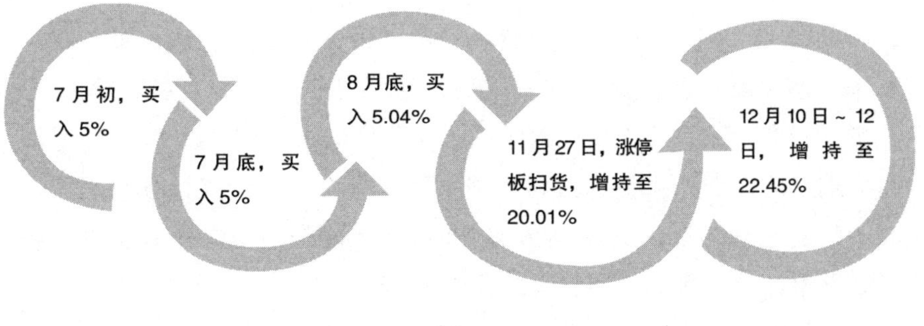

图 1-2　宝能系收集万科路线图

2015年12月17日，万科董事长王石首次针对钜盛华所属的宝能系举牌万科发声，明确表示不欢迎宝能系成为万科第一大股东，原因有四点。

信用不足：王石表示自己了解宝能发家史，称宝能信用不够，会影响万科信用评级，提高融资成本；

能力不足：地产领域年销售额几十亿的宝能，能力不足以管控万科；

短债长投，风险巨大：以短期债务，进行长期股权投资，风险非常大，是不留退路的赌博；

华润作为大股东角色重要：华润在万科的发展史中，无论是在万科股权结构的稳定、业务管理还是国际化方面，都扮演着重要的角色。

2015年12月18日早晨，就在王石强硬发声数小时之后，宝能集团即发表声明疑似对此做出回应，称集团近期行动恪守法律，尊重规则，相信市场力量。

“宝万之争”正面交锋全面打响。

2016年3月13日，万科公告宣布引入新的战略投资伙伴——深圳市地铁集团有限公司。公告称，万科已经于3月12日与深圳地铁集团签署了一份合作备忘录。根据备忘录，万科将以发行新股的方式，购买深圳地铁集团下属公司的全部或部分股权，而深圳地铁集团将注入部分优质项目的资产到该收购标的中。收购标的初步预计交易对价介于人民币400亿至600亿元之间，如交易成功，未来深圳地铁集团将成为万科长期的重要股东。

2016年6月17日，万科召开董事会，讨论引入深圳地铁重组预案，华润认为若采用增发新股方式，增发完成后，深圳地铁将持股万科20.65%，前海人寿、华润分别持股19.27%、12.10%，万科股权结构将发生根本性逆转。另外，此次重组的净资产折价、万科负债率等也不合理，最终该预案因第二大股东华润的反对未获通过。2016年6月23日，钜盛华与前海人寿发表声明，明确反对该重组计划，华润重申自己的反对立场。

在重组预案上，华润和宝能系正式联手，战争似乎愈演愈烈。

2016 年 6 月 26 日，万科确认收到宝能系提出包括罢免王石、郁亮等 10 位董事及 2 位监事在内的 12 项议案，万科管理层处境堪忧。

2016 年 6 月 30 日，华润通过其官方微信发布声明称，不同意宝能系的罢免议案。对此，华润认为：对于公告中罢免所有万科董事、监事的提案，华润有异议；华润会从有利于公司发展的角度，考虑未来董事会、监事会的改组。

2016 年 7 月 4 日下午，署名为“刘元生等股东”的一封公开信发出。持股万科 28 年的老股东刘元生向证监会、银监会、保监会、国务院国资委、深圳证券交易所、香港联交所和深圳证监局七个监管部门抛出五点疑问，矛头直指华润、宝能。包括质疑华润和宝能系之间到底有多少重大利益关联；华润和宝能系在关于万科第一大股东地位的问题上何时开始谈判交易；双方在深铁重组事件上联手反对的原因；双方达成第一大股东易主的秘密协议是否已涉嫌内幕信息交易和市场操纵，以及质疑宝能用于收购资金的来源是否合法。

7 月 4 日晚间，华润迅速做出回应，声称该举报信中的揣测、臆断及造谣中伤，已构成对华润集团声誉的负面影响。华润将对刘元生先生采取法律行动，追究法律责任，以维护华润的声誉。

2016 年 7 月 5 日，钜盛华又购入万科 A 股股票 75 293 000 股，加上前几次累计购入的，钜盛华及其一致行动人合计持有万科股份数量占公司总股本的 24.972%。

2016 年 8 月，恒大“横空出世”，以强劲的姿态加入战斗，使这场持续了一年有余的股权战争再添变数。

2016 年 8 月至 11 月底，恒大集团及其附属公司在市场上不断收购万科 A 股股份，将万科股份增持至 14.07%，耗资约 362.73 亿元。

至此，万科股权之争格局逐渐清晰，宝能、华润、恒大分别持股 24.4%、15.31%、14.07%，位列“第一梯队”，已呈鼎足之势。持股比例略低的安邦及万科管理层则为“第二梯队”（见图 1-3）。

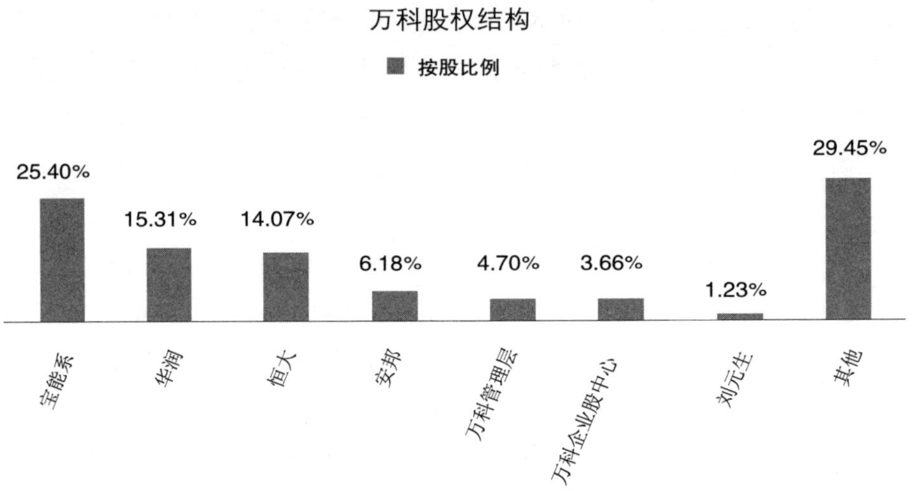

图 1-3　万科股权结构

2016 年 12 月 18 日晚，万科发布公告称：考虑到公司股价自复牌以来波动较大，当前各方尚无法达成一致意见，董事会同意终止与深圳地铁集团重大资产重组。这意味着万科管理层作为狙击恶意收购的重要武器——“白衣骑士”深圳地铁集团，终因各方股东反对重组方案而彻底远去。

但事情很快又出现了反转。2017 年 1 月 12 日，万科发布公告称，股东华润股份及其全资子公司中润国内贸易有限公司与深圳地铁集团签署协议，华润股份和中润贸易拟以协议转让的方式将其合计持有的公司 16.89 亿股 A 股股份转让给地铁集团，交易对价为 371.71 亿元，对应的每股交易价格为 22.00 元 / 股。

华润此次退出收到的股权转让金加上其自 2000 年 8 月开始持股 17 年以来的分红，华润累积获得收益或超过 400 亿元，而当初的成本只有 2 亿多元，可谓“衣锦还乡”。

2017 年 6 月 30 日，万科在深圳总部召开股东大会，改选董事会。在股东会上，第一大股东深圳地铁提名的 11 人均当选，组成新一届董事会。新一届董事会中，非独立董事共 7 名。其中，万科管理层占 3 席，分别是现任万科总裁郁亮，执行副总裁王金文、张旭；深圳地铁派出董事长林茂德、总经理肖民、财务总监陈贤军；外部董事 1 名，为深圳市赛格集团有限公司董事长孙盛典。

独立董事共 4 名，分别为新华保险前董事长康典、中央财经大学中国企业研究中心主任刘姝威、毕马威中国前副主席吴嘉宁，以及前海金融控股有限公司董事长李强。

万科股东对董事会换届方案进行了投票，当场公布的计票结果显示，提名 11 人为董事的提案均获得高票通过。

这场股东会让万科长达两年的股权之争落下了帷幕。只是出人意料的是，最后的胜利者，不是在这场股权之争表现活跃的宝能、华润、恒大，而是深圳地铁。

但毫无疑问的是，这场战争已影响到了万科的正常经营。根据万科 2016 年 8 月 21 日披露的半年报，6 月底至 8 月初，万科已有 31 个合作项目因股权问题而被要求变更条款、暂缓推进或考虑终止合作；另外，6 月底以来，万科合作伙伴、客户、员工以及其他中小股东对公司前景的疑惑和担忧进一步加剧；第三，万科物业 5 个洽谈合作项目暂缓、变更或考虑终止合作，1 家物流地产的合作方要求调整合作条款，多家境外基金和银行暂缓了项目合作与贷款；第四，团队稳定性受到冲击。

万科之所以发生股权战争，股权结构分散，大股东没有实际控制权是原因之一。华润及其关联公司合计持有万科 A 股股份只占 15.23%。而包括王石、郁亮等高管在内的管理层持股总数，只有 1% 左右。王石、郁亮曾表示，这种极为分散的股权结构确实给潜在的投资人可乘之机。面对宝能这样的劲敌，万科虽然也采取了回购、与安邦联手、引入深圳地铁等措施，但因为自身没有足够的话语权，反击犹如蚍蜉撼树。

二是万科是一家优质公司，是地产界的领军企业。觊觎万科的企业家与投资家不在少数。

三是宝能系之前，华润作为万科第一大股东已有15年，但一直是纯粹财务投资者身份，不插手万科经营事务。当“野蛮人”兵临城下时，华润虽然两次出手增持，但不超过20%的控股权对于企业的保护是非常乏力的。

俗话说，“打铁还须自身硬”，万科必须从根基入手，完善公司治理结构，精心布局股权才能在“野蛮人”逼近时与之一搏。

1.3 1号店，创始人沦为打工者

“我们把 1 号店看成我们的孩子，倾注了所有的心血和情感。我们吃饭、走路、做梦都想到 1 号店。1 号店是我们的一切，我们用‘心’而不仅是用‘脑’做 1 号店。”创始人刘俊岭和于刚曾这样形容自己对 1 号店的感情。

但这个创始人倾注了所有心血的“孩子”，却在随后的资本博弈中，成为“刀下鱼肉”。创始人刘俊岭和于刚也从股东沦为打工者，直至出局，不得不让人唏嘘。

我们来梳理 1 号店股权变化大事记，看看创始团队是如何一步步失去控制权的（见图 1-4）。

2008 年，于刚和刘俊岭创立了 1 号店，启动资金全部由创始团队投入。

2009 年，受金融危机影响，1 号店资金紧张，不得已与平安集团接洽。2010 年 5 月，平安出资人民币 8000 万元，取得 1 号店 80% 股权，计划与平安的医药平台进行整合。1 号店创始团队沦为小股东。

2011 年 5 月，平安将 20% 股权作价 6500 万美元出售给沃尔玛。同时，沃尔玛出资购买了用于兑现 1 号店管理团队与平安集团签订的股权激励协议的股权。

2012 年 10 月，沃尔玛正式宣布控股 1 号店，取代平安成为 1 号店大股东，持股比例约 51%。1 号店原财务副总、原人力资源副总职务由沃尔玛电子商务团队成员接任。此外，沃尔玛电商团队 60 余人也进入 1 号店。

2015 年 7 月，沃尔玛购入 1 号店剩余股份，实现全资控股。1 号店深度大换血，于刚和刘峻岭离开，创始团队“土崩瓦解”。

2016 年 6 月，沃尔玛与京东达成战略合作，京东以增发 5% 股本换得 1 号店核心资产，包括“1号店”的品牌、网站、APP等。1号店成为沃尔玛牵手京东的“定情信物”。

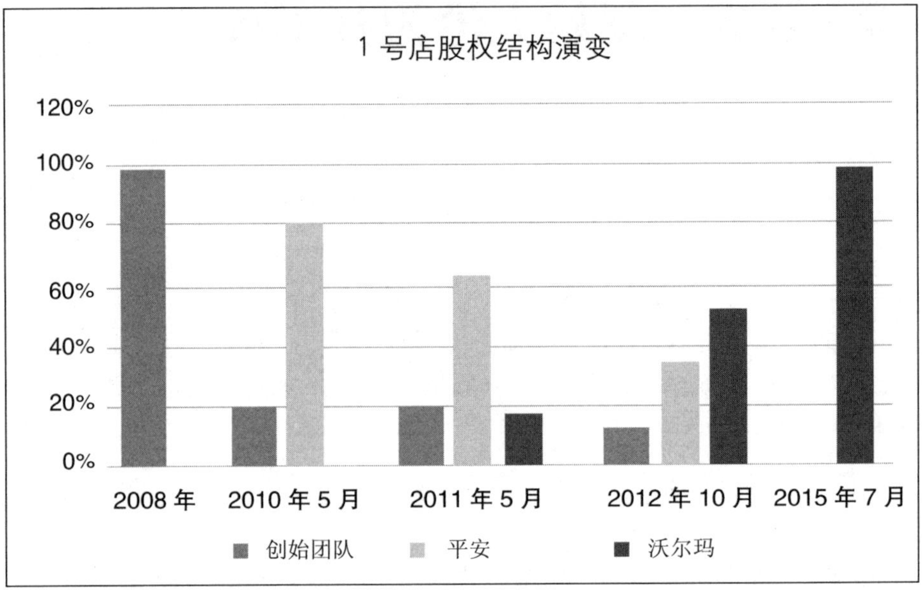

图1-4　1号店股权结构演变

1号店在弹尽粮绝的困境中启动融资，而平安和沃尔玛，并非“雪中送炭”的救世主，他们一开始就是奔着控制权来的。

平安想将1号店作为产业布局下的一枚棋子，将投资创建的平安药网和平安医网划入1号店实现三网合一，同时利用1号店的医药资源促进其健康险的发展。而1号店大手笔出让股权，实质是将公司的控制权拱手相让。

沃尔玛更是醉翁之意不在酒。早在沃尔玛接手1号店之前，也曾与京东进行过谈判，历时半年多，估值等已经谈妥，唯一无法达成的条款是沃尔玛要求最终控股京东商城，直到全盘收购。刘强东没有接受。沃尔玛这才将目光转向了1号店。

平安在发现产业链整合未达到预期效果时，将1号店股权转让退出，不懂互联网且一向“精打细算”的沃尔玛接盘后发现很难驾驭，又将其转手卖给京东。1 号店的控制权成了沃尔玛、平安、京东之间博弈的游戏，但在这个游戏中，创始人是“局外人”。

实际上，这样的结果早在 1 号店将 80% 的股权出让给平安时，就已经注定。

融资是创业道路上的必经之役，股权融资犹如“砍腿换车”，不可避免地会稀释创始团队的股权，到 C 轮以后失去控股地位往往不可避免。但如果创业者细心规划，未雨绸缪，即便不控股，也可以通过其他手段控制公司。比如，通过双层股权制度、一致行动协议、投票权委托、有限合伙等。

1 号店的结局给创业者敲响了警钟：早期就已失去控股地位的创始人，又如何能维持自己继续掌舵的权利呢？即便在最艰难的融资环境下，创始人也需要谨慎选择投资人，以让渡控股权为代价融资让企业活下去更要三思后行。

1.4 汽车之家，企业家情怀 PK 资本利益

汽车之家是由联合创始人李想与秦致在 2005 年创办的一家互联网公司，是国内领先的汽车垂直网站和电商平台，2013 年在美国纽交所上市。但在与资本的博弈中，挡不住“野蛮人”中国平安入侵，创始人被迫出局。

我们来简单梳理一下此次纷争的始末。

2016 年 4 月 15 日，汽车之家最大股东澳洲电讯发布公告称，将汽车之家 47.7% 股份出售给平安集团旗下平安信托。

4 月 16 日，汽车之家管理层牵头发出私有化要约，买家团中未出现平安。

4 月 18 日，平安信托对外声称：关于私有化问题，我们与管理层进行了沟通，对有利于汽车之家发展及全体股东利益的事情，我们都支持。

4 月 19 日，针对“汽车之家管理层启动私有化以对抗股权交易”的传闻，澳电发言人对外表示：已和平安信托签署交易协议，该桩股权交易具有约束力。

4 月 26 日，汽车之家宣布，公司董事会已成立一个由三名独立董事组成的特别委员会，评估公司 2016 年 4 月 16 日接到的私有化提议。

5 月 9 日，有报道称，汽车之家 CEO 秦致作为买家团成员发表了意见，称管理层出价更高、有充足的融资，让造就汽车之家的高管层继续掌控公司将有助于该汽车信息提供商向网络交易业务转型。外界将此解读为：管理层收购的方式旨在击退平安信托。

5 月 11 日，汽车之家公众股东提交书面实名举报信，举报平安信托涉嫌违反国家《反垄断法》。该举报已被商务部接受。

5 月 12 日，有爆料称澳洲电讯在董事会召开前临时增加一名新董事，将其

所拥有的董事会席位由 5 名增加至 6 名。在包括独立董事在内的另外 5 名董事会成员拒绝参与投票的情况下，以 6：5 的结果强行通过了汽车之家和平安方面签署《RegistrationRightsAgreement》（股份登记权协议）。其后该消息得到汽车之家内部证实。

5 月 14 日，《华尔街日报》报道称，澳洲电讯方面两次拒绝了汽车之家管理层每股平均价格 31 美元的股份收购要约，该价格比平安信托每股 29.55 美元要高。该消息其后得到汽车之家管理层确认。

5 月 23 日，秦致和其他小股东在汽车之家注册地开曼群岛法院发起了一项行动，他们请求法院暂停澳洲电讯和平安信托的股权交易，并称澳洲电讯在汽车之家董事会中的代表存在恶意违规。澳洲电讯则表示，将反击这起行动。

6 月 23 日，澳洲电讯发公告称，汽车之家的股权交易已完成。

6 月 23 日，汽车之家称收到了汽车之家注册地开曼法庭听证会的文件，文件称在 6 月 24 日开曼法庭听证会之前，就股权交割事宜澳洲电讯不得采取任何行动。

6 月 25 日，汽车之家注册地开曼法院听证会当庭宣布撤销汽车之家“禁制令”，澳大利亚电讯随后将更新的股东名册交付给平安信托，交割正式完成。平安持有汽车之家 47.4% 股份，正式成为汽车之家最大股东。

6 月 26 日，平安信托以大股东身份正式入主汽车之家，秦致等核心管理层人员相继被替换。

这是一场真实而残酷的战争，撇开利益，人们往往更容易对创始团队抱有同情之心，认为企业家的情怀和梦想值得支持。但现实中，情怀是情怀，资本归资本。一个企业既然选择了用资本帮助自己发展壮大，撬动更大的资源，也应该认识到资本是一把“双刃剑”，逐利是其本性，选择资本本身就是“与狼共舞”。如果创始团队所代表的管理层在资本市场话语权不够，将很有可能在与资本的博弈中被“扫地出门”。

汽车之家 2013 年上市时的股权资料显示（见图 1-5）：澳洲电信持有 68 788 940 股，占比 71.5%，是汽车之家第一大股东、绝对控股股东；兰馨亚洲基金持有 12 112 212 股，占比 12.6%；AutoLeeLtd. 持有 5 066 483 股，占比 5.3%；汽车之家创始人秦致和李想分别持有 3 088 929 股、5 066 483 股，占比 3.2% 和 5.3%；但截至 2016 年 3 月的股权资料显示，秦致和李想的占股已被稀释到 2.9% 和 2.6%，整个管理团队持股比例仅为 5.5%。因为管理团队股权占比低，董事会席位少，当“野蛮人”来袭时，虽然管理团队先后借助法院、政府机构、董事会规则、媒体等多重力量展开较量，但本身话语权不够，实际意义上无法守护对公司的控制权。

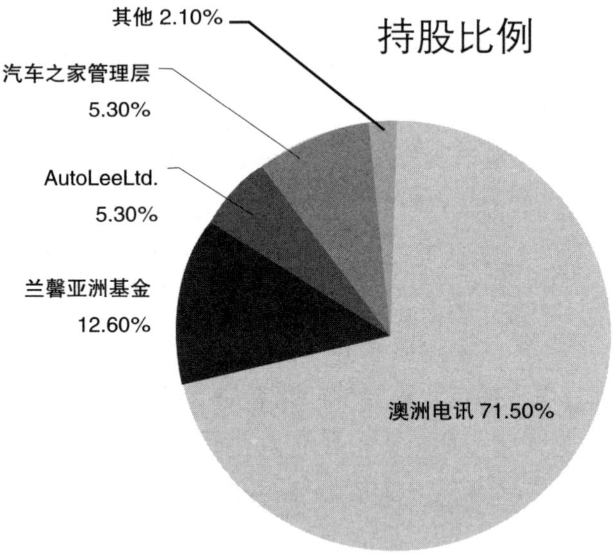

图 1-5　汽车之家 2013 年上市时的股权结构

而此次入主汽车之家的是平安旗下的投资机构平安信托，从历史来看，平安在接管一家公司之后的惯例就是更换管理层。此前其收购上海家化、1 号店等企业后都强力“清洗”高管团队。管理层过低的持股比例，控制权布局的失误，使企业情怀在资本面前惨白无力，汽车之家的未来只能交给资本去博弈了。

1.5 雷士照明，兄弟式结伙，仇人式散伙

雷士照明是国内知名的灯具品牌，也是全球最具创新能力的照明公司之一，年销售额达38.5亿元。但创始人吴长江却没能像任正非、董明珠那样，作为中国制造的骄傲被推向世界，反而在一场旷日持久、跌宕起伏的股权斗争中锒铛入狱。

1998年，吴长江出资45万元，杜刚、胡永宏各出资27.5万元，创立雷士照明，三人分别占股45%、27.5%、27.5%（见图1-6）。吴长江当时并没有意识到股权结构的重要性，而是将兄弟情义放在了第一位，认为控股权并不重要。

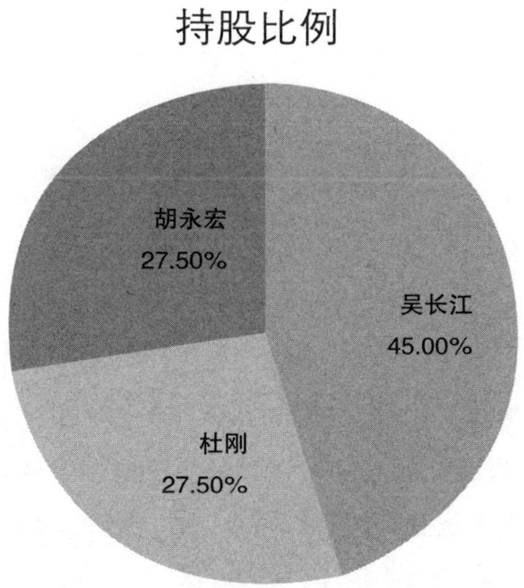

图1-6　雷士照明1998年的股权结构

接下来的几年，雷士照明一路高歌猛进，迅速在市场上崛起。先是创立了在照明行业率先实行的产品召回制度，赢得了市场信誉，又在行业内第一个推行专卖店模式，逐渐有经销商主动找上门要求加盟。

2002年，为了平衡内部关系，三位创始人对股权结构进行了一次调整。由雷士向吴长江支付1000万元，三人股权均等为33.3%（见图1-7），工资、分红也均等。对于这次股权调整的原因，吴长江的解释是公司分红他比杜、胡拿得多，另外两个人心里不舒服，为了这份兄弟情，他决定主动稀释自己的股权。

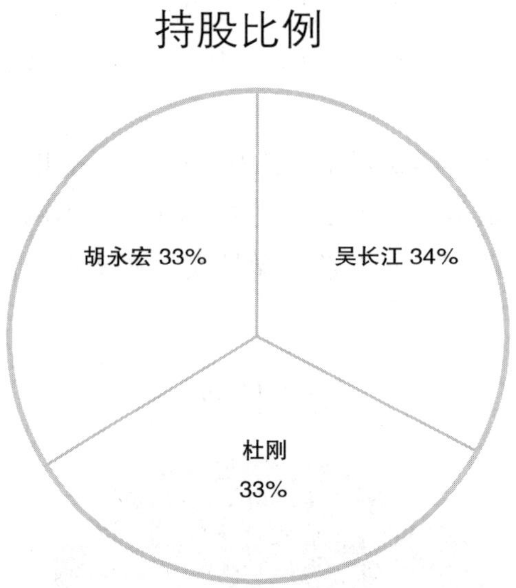

图1-7　雷士照明2002年的股权结构

随着经营的扩大，吴长江与杜、胡二人在经营理念、管理模式等方面的矛盾积怨也越来越深。2005年，杜、胡二人靠手中握有的多数股份，使吴长江离开公司。随后发生了戏剧性的一幕，全国各地200多个经销商和供应商，还有公司中高层领导，举手表决要求吴长江留下，而另外两股东各拿8000万元离开。

当年“桃园三结义”的三兄弟仇人式散伙。

由于供应商、经销商“反水”，吴长江这次保住了自己对公司的控制权，但按照约定，他必须向两位创始人首付1亿元，并要在2006年6月30日前付清另外6000万元，否则对方将有权利拍卖雷士的品牌及公司资产。

当年顾念兄弟情义埋下的祸根，开始显现出来，找钱成了吴长江的头等大事，各路资本开始在吴长江的生活中出现。

首先登场的是一位叫毛区健丽的资本达人，她是亚盛投资的总裁，专门从事融资顾问服务。在雷士公司极度缺钱的情况下，她以远低于通常企业首轮融资8至10倍市盈率的平均估值水平，合计994万美元入股，分得雷士30%的股权（见图1-8）。

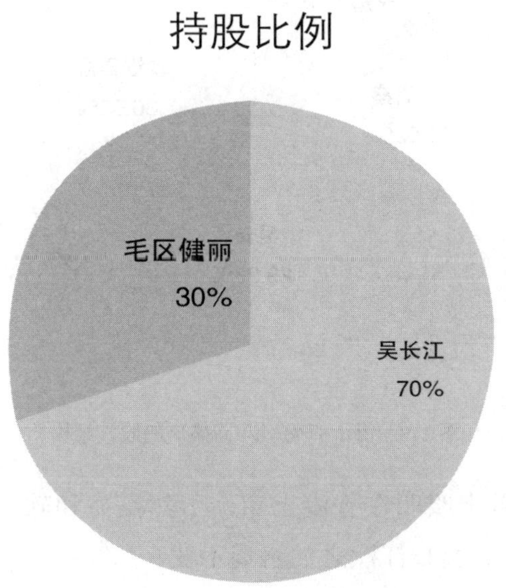

图1-8　雷士照明第一次融资后的股权结构

接下来出场的是软银赛富。2006年，软银赛富以2200万美元的投资额，获得了雷士照明35.71%的股权。在董事会中，软银赛富占3个席位，吴长江只有2个，也就是说，如果没有软银赛富的同意，吴长江就无法实施他的决策。

处处受制于人的吴长江开始了反抗。2008年，吴长江以“优化公司股权结构”为由引入高盛，高盛投资3655万美元，获得雷士照明11.02%的股份。财大气粗软银赛富果断跟进1000万美元投资。手头吃紧的吴长江无力跟投，于是他的股份进一步摊薄，降到29.33%，失去了第一大股东的地位。而赛富两次投资后的持股比例达到36.05%，成为第一大股东（见图1-9）。

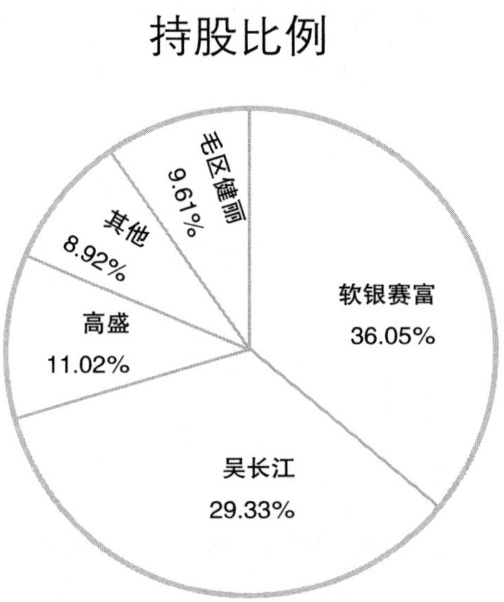

图1-9 雷士照明引入高盛后的股权结构

2010年5月，雷士照明在香港上市，虽然高盛和软银赛富的股份均有稀释，但软银赛富老大、吴长江次之的格局不变。

2011年，在软银赛富的牵线下，雷士照明引入施耐德为战略投资者，施耐德耗资12.75亿港元，在雷士股份占比9.22%，成为雷士照明第三大股东，软银赛富潜在的话语权进一步扩大。

但稳坐老大地位的软银赛富并不甘心于屈居幕后，开始走到台前频频指导雷士的运营，这让吴长江心里非常不满。在这样的情况下，吴长江与软银赛富之间冲突连连。一边是吴长江联合经销商和员工阻止软银赛富插手雷士事务，一边是软银赛富联合施耐德打压吴长江。

终于，在2012年，软银赛富将吴长江“扫地出门”，自己派人接替他出任董事长。谈及此事，吴长江也只是无奈：“不想下船，但被逼下船。”

戏剧性的一幕又出现了，和2005年一样，在供应商和经销商的支持下，吴长江在2013年重返雷士董事会。

这时候，德润豪达的王冬雷出现了。王冬雷以生产西式小家电发迹，但在2008年金融危机的重创下，他不得不带领德润豪达踏上转型LED之路。他一直希望找到一家拥有较强渠道的照明企业。

吴长江与王冬雷相见恨晚，经过短暂交谈后彼此相当合拍。吴长江出售雷士股权给王冬雷，王冬雷协助吴长江赶走软银赛富的阎焱。也不知王冬雷用了怎样的方法，说动了施耐德中国区总裁朱海。在2013年4月的股东会上，朱海站到了王冬雷一方，于是阎焱辞任董事长，由王冬雷接任，吴长江重新坐稳了雷士的CEO，而王冬雷买下吴长江持有的雷士照明18.6%的股权，并辅以二级市场收购股权的方式，合计持股27.03%，成为雷士第一大股东。

好景不长，在度过了一段蜜月期后，吴长江与王冬雷开始在业务整合、人员调配上摩擦不断。

2014年8月29日，雷士照明的临时股东大会上，王冬雷率众部直指吴长江私相授受、输送利益，指责吴长江在雷士照明董事会不知情的情况下进行违规担保，可能使雷士照明遭受1.73亿元巨额损失，投票罢免吴长江在雷士照明的全部职务。随即，两人隔空对垒，互相指责，甚至发生暴力冲突，上演“全武行”。

其间，吴长江第三次离开。

2014年10月22日，惠州市公安局正式对吴长江等人涉嫌挪用资金立案。

2016年12月22日，吴长江一审被判14年。

在吴长江的几次去留博弈中，与其说是资本改变了力量的对比，不如说是创始人从一开始就低估了股权的作用，低估了资本的力量。在吴长江的价值体系中，兄弟情义是第一位的，所以才有了后面的股份均等局面，为以后的股权纠纷，及为了找钱引入资本埋下伏笔；而在引入资本的过程中，吴长江不但不担心自己控制权旁落，也没有辅以相应的控制权保护策略，反而在上市以后还大幅减持股票，直至成为弱势股东。

资本市场讲的是资本的规则，在资本的运作下，即使是原来一股独大的家族绝对控股企业也随时有重组其股份结构，失去控制权的可能性。无论是谁，当他通过一定的资本运作取得了公司的控股权之后，也就掌握了对公司经营管理的控制权。吴长江的第一次离开缘于另两位创始人累计持股份额远远高于自己；第二次是因为软银赛富；第三次的王冬雷通过德豪润达持有雷士照明27.03%的股份，为第一大股东，而吴长江持股则只有2.54%，这种悬殊的力量对比下，出局是意料之中的事。

资本市场，还得靠股权来说话。

1.6 民生银行，五大派系角逐董事会

民生银行的股权纷争堪称年度大戏。就在史玉柱刚刚增持成为第二大股东之后，泛海系卢志强又强势举牌，成为新的第二大股东。随着董事会换届临近，多方都在做冲刺阶段的博弈，这场战争波澜迭起。

民生银行成立于 1996 年，是中国第一家以民营资本为主体成立的全国性股份制银行，创始股东有 59 家，股权极为分散（见表 1-1）。

表 1-1　民生银行设立时的前 15 大股东

序号	股东名称	持股数（万股）	占比(%)
1	广州益通集团公司	9028	6.54
2	中国乡镇企业投资开发有限公司	9008	6.53
3	中国煤炭工业进出口总公司	9000	6.52
4	中国船东互保协会	9000	6.52
5	山东泛海集团公司	9000	6.52
6	哈尔滨亚麻厂	9000	6.52
7	厦门福信集团有限公司	8030	5.82
8	宁波市经济建设投资公司	7500	5.43

续表

序号	股东名称	持股数（万股）	占比（%）
9	北京万通实业股份有限公司	7406	5.37
10	杭州通普电器公司	7000	5.07
11	昆明建华企业集团	6000	4.35
12	深圳前进开发公司	6000	4.35
13	希望集团有限公司	5080	3.68
14	哈尔滨岁宝热电股份有限公司	5000	3.62
15	郑州梦达实业有限公司	3150	2.28

在2000年12月上市前的一年内，民生银行发生了20多起股权转让，占公司总股本的46.1%，最终形成了希望系、泛海系、东方系三足鼎立之势（见表1-2）。

表1-2 民生银行IPO前十大股东

序号	股东名称	持股数（亿股）	占比（%）
1	四川新希望农业股份有限公司	1.38	9.99
2	东方集团股份有限公司	1.30	9.42

续表

序号	股东名称	持股数（亿股）	占比（%）
3	中国泛海控股有限公司	1.3	9.42
4	中国船东互保协会	1.10	7.96
5	中国乡镇企业投资开发有限公司	1.00	7.25
6	厦门福信集团有限公司	0.95	6.9
7	中国煤炭工业进出口集团公司	0.90	6.52
8	中国有色金属建设股份有限公司	0.90	6.52
9	北京万通实业股份有限公司	0.74	5.36
10	四川南方希望有限公司	0.65	4.7

2003年至2012年间，史玉柱通过受让、二级市场购买等方式，成为民生银行第四大股东。在此期间，又有中国人寿、IFC、复兴集团、明天控股等资本相继入主民生，试图争夺控股权，均未实现。

2014年11月至2015年1月，安邦保险耗资近400亿元，连续12次增持民生银行，持股比例从5%提升至22.51%，一跃成为民生银行第一大股东。

2016年6月29日晚，民生银行公告称，东方集团股份有限公司与华夏人寿保险股份有限公司签署《一致行动协议》。7月25日7月29日，华夏人寿通过二级市场增持民生银行A股9279.44万股，占民生银行总股本的0.25%。华夏人寿和东方集团联盟合计持股为20.95亿股，持股比例达到5.74%。

2016年12月2日，史玉柱大手笔增持民生H股，所持H股比例由1.02%升至9.59%，持有的A+H股总股本由9月末的3.15%增到4.97%，成为第三大股东，但很快就被卢志强掌控的泛海系挤了下去。

2016年12月15日至16日，卢志强掌控的泛海系共计买入民生银行H股约1.35亿股，占民生银行总股本0.369%。本次增持后，泛海系合计持有民生银行约18.24亿股，占其总股本的5%，持股数与安邦保险、一致行动人“东方集团-华夏保险”之间的持股比例差距缩小，引发了外界对于股权争夺的猜测。

至此，民生银行形成了新的股份结构（见图1-10）：安邦系共持有民生银行15.54%的股份，稳居第一大股东；“东方集团—华夏人寿”持股比例为5.48%，排名第二；卢志强的泛海系以5%持股比例位列第三；史玉柱持股4.97%，排名第四；“国家队”证金公司持有民生银行4.2%股份，位列第五；刘永好的希望系在几次减持后合计持股比例降至4.18%，落至第六。

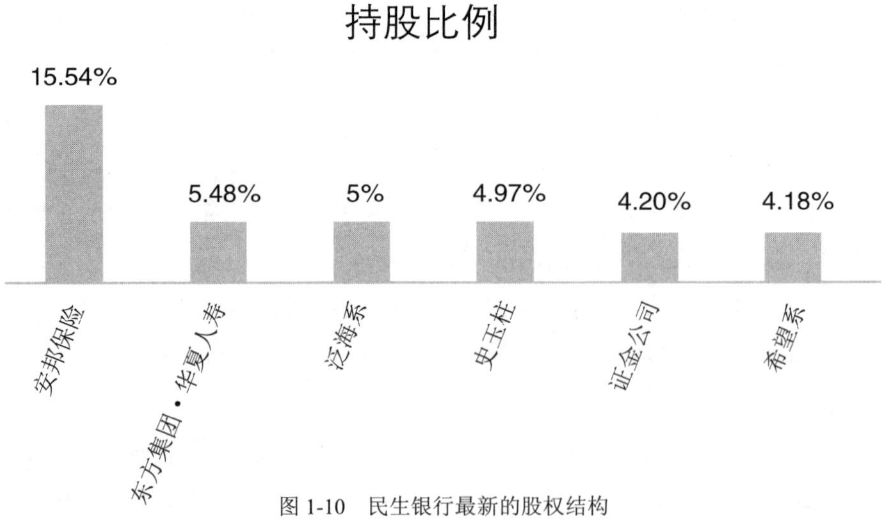

图1-10　民生银行最新的股权结构

由此形成角逐民生银行董事会席位的六大派系，股权争夺暗流涌动。但有分析说证金公司的入市是为了稳定市场，应无意争夺上市银行董事席位，且此前证金公司也从未表态过会有意争取上市公司董事席位并介入公司管理，实际参与争夺的可能为五方。

在民生银行现有18名董事中，6名为独立董事，3名为执行董事，另9名为非执行董事。三个执行董事席位是各方派系都没有办法染指的，股东们竞争的核心只能是非执行董事的席位。

在9位非执行董事中，有安邦的姚大锋、复兴集团郭广昌、福信集团吴迪、国寿投资王军辉，另外，“希望系”和“泛海系”各占两名，而“东方系”为张宏伟一人。

按照民生银行在公告中的规则“单独或合并持有上市公司3%以上股份的股东，可以提出董事候选人；单独或合并持有上市公司1%以上的股东，可提出独立董事候选人”，民生银行目前的董事结构将面临大幅变动。如果仅以3%的持股要求来看，只有卢志强、史玉柱、刘永好和已宣布结盟的东方集团和华夏人寿拥有争夺董事席位的资格，而持股不足3%的郭广昌、王军辉等有可能失去民生银行董事席位。

众所周知，谁能占据更多的董事席位，谁就能掌握更多的企业控股权。所以，民生银行的五大派系才会对董事会的席位拼死相争。但是谁能获得更多的董事会席位，还是要看谁掌握了更多股权。因而，五大派系对董事会席位的争夺实质上还是股权的争夺。

第2章

股权与控制权，制衡与反制衡的战争

股权是股东权益的简称，是指投资人向公民合伙组织或企业法人投资而享有的权利。公司控制权是从股东权益中派生出来的经济性权利，它在本质上是一种新的利益存在方式，是利益冲突的产物。股权与控制权往往引发一系列制衡与反制衡的战争，最终通过内部牵制，使得任何一个大股东都无法单独控制决策，达成大股东相互监督的股权制衡机制，既能保留股权相对集中的优势，又能有效抑制大股东对公司利益的侵害。

2.1 掌握控制权，做时代的股东

美国世达律师事务所创始人约瑟夫·弗洛姆曾说：“如果有一项权利是企业家非争不可的话，我想只能是控制权了。”

究竟什么是控制权？美国学者伯利和米恩斯认为，控制权是通过行使法定权力或施加影响，在任免公司董事人选过程中具有决定权。德姆塞茨认为，企业控制权是一组排他性使用和处置企业稀缺资源（包括财务资源和人力资源）的权利约束。我国普遍的观点是，企业控制权就是排他性利用企业资产从事投资和市场营运的决策权。

由此可见，公司控制权是一种稀缺资源，是一种经济性的权利，是利益冲突的产物。掌握了控制权，就是掌握了对资源的配置权、决策权及利益分配权。

在 Facebook 的发展过程中，扎克伯格曾经花极大努力来确保对公司的控制权。2009 年 11 月，Facebook 调整了公司的股权结构，将所有股份分为两个级别：A 级和 B 级。A 级股和 B 级股在分红派息，以及出售时的现金价值上完全一致，唯一的区别就是代表的投票权不一样。其中一个 B 系列普通股对应十个投票权，而一个 A 系列普通股对应一个投票权，扎克伯格等 Facebook 的高管通过持有 B 系列普通股来放大其对公司重大决策的话语权，稳定对公司的控制。

根据 Facebook 招股书中所披露，在 2012 年 Facebook 上市之初，扎克伯格持有 5.34 亿 B 级股，占 B 级总数的 28.4%。由于 Facebook 采用了同股不同权的股权结构，扎克伯格实际拥有的投票权远大于持股比例，使其在股东会层面拥有更多的话语权。

为了防止在引入外部股东的过程中控制权被稀释，Facebook 又加入了一个表决权委托协议。根据协议，此前十轮投资 Facebook 的所有机构和个人投资者，都需要同 Facebook 签订这份表决权代理协议，同意在某些特定的需要股东投票的场合，授权扎克伯格代表股东所持股份进行表决，且这项协议在 IPO 完成后仍然保持效力。这部分代理投票权为 30.5%，加上其本人所拥有 28.4% 的 B 级股，扎克伯格总计拥有 58.9% 的投票权，这意味着他将有能力控制股东选举的结果，包括公司董事会成员选举和公司重大策略决定，比如任命自己的继任者等，从而实现对 Facebook 的绝对控制权。

借助于扎克伯格的“超级表决权”，Facebook 在 2012 年斥资 10 亿美元收购了 Instagram，虽然当时的 Instagram 因为量级小、估值高、收购金额巨大引发众股东反对，但扎克伯格以其绝对控制权力排众议，成功完成了这次收购。实践证明，这是一笔有价值的交易，Instagram 后来为 Facebook 带来了丰厚的回报，并让 Facebook 成为社交领域的“最大股东”。

2016 年 4 月，Facebook 又一次对股权结构进行了调整，通过拆股方式创建了无表决权的 C 级股票，以此扩大公司总股本，增加现有股东的持股数量，提高创始人在公司的话语权。就像扎克伯格在声明中称“调整公司的股权结构，能够让我继续以创始人的身份控制公司，继续打造公司的未来”。此次股权结构调整，能够让公司减轻“继任风险”，以及“未来表决权潜在的稀释问题”。

除此之外，扎克伯格还在融资中精心设计了一系列条款来保护其控制权。比如：投资者不得收购 Facebook 任何资产或业务的所有权；不得要求任何公司证券投票权的代理权；不得以“证券交易法”第 13 条的名义形成任何“集团”；不得提名任何没有被现任董事提名的人为新董事；不能提出任何需要股东投票的提议；不能发起、投票支持发起、呼吁发起股东大会特别会议；不得公开宣布打算做以上任何一项行动等。

控制权决定公司的命运，亦决定创始人经营和占有公司利益的命运。只有掌握控制权，才能不被资本绑架，创始人才能在创业过程中大展拳脚，按照自己的意愿制定发展战略，在提高公司运行的效率的同时，完成既定的战略目标，做自己的股东，做时代的“股东”。

2.2 股权、股份、股票

公司控制权是创始人掌握企业的根本权利，但控制权的大小又和股权、股份、股票的持有数量息息相关。因此，了解控制权，需要先明晰“股权”“股份”“股票”三个概念。

2.2.1 股权

股权是股东权益的简称，是指投资人向公民合伙组织或企业法人投资而享有的权利，通常包括监督管理权、经营决策权、资产收益权、知情权、优先认股权等，具有以下三个特征（见图 2-1）。

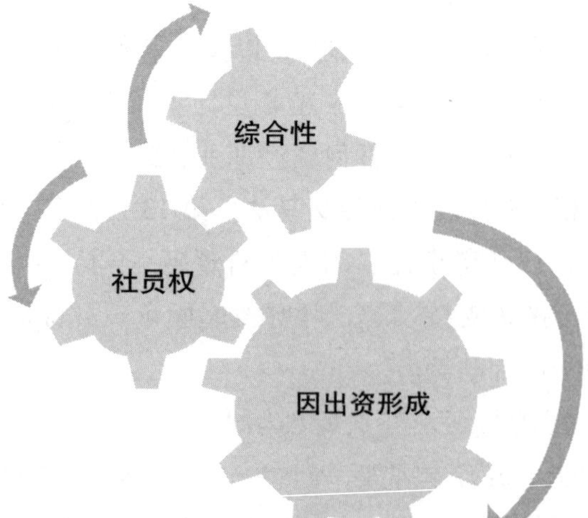

图 2-1　股权的特征

1. 股权的特征

（1）综合性。

股权包括如股息或红利分配请求权、新股优先认购权、剩余财产分配权、股份转让权等财产权；也包括一系列公司事务参与权，如表决权、提案权、公司文件查阅权、召开临时股东会请求权、对董事及高级职员监督权等，具有综合性。比如，万科股权争夺战中，宝能系在成为万科第一大股东后，提出了召开临时股东大会，要求罢免万科管理层的议案，并在后来引进深圳地铁的重组预案中明确表态不同意，这就是请求权、提案权、监督权、表决权的体现。

（2）社员权。

股权是股东因出资成为法人社团成员，取得的一种社员权力，包括财产权和管理参与权，是一种独立类型的权利。既不同于传统私法中纯粹的物权或债权，又不同于传统私法中纯粹的人格权或身份权，更像一种资格或权限，其实质是团体中的成员依其在团体中的地位而产生的具有利益内容的权限。换言之，社员权有法律资格之外观而具法律权利之实质，其本质属性乃为新型之私法权利，而这种权利是与法律主体的财产权、人身权、知识产权相并列的权利类型。比如在雷士照明股权纠纷中，吴长江、杜刚、胡永宏三人就因出资成为了雷士照明这个法人社团的成员，并享有各种权利，如财产分配权、管理监督权等。

（3）因出资形成的权利。

股权是出资者向公司出资，以丧失其出资财产所有权为代价取得的一种权利。如以土地向公司出资，在取得股东地位的同时，也丧失了对土地的所有权。

2. 股东权利

股权代表着股东权利的享有和行使，根据我国《公司法》规定，股东享有如下权利（见表2-1）。

表 2-1 股东权利内容

序号	享有权利	内容
1	股东身份权	按照法律规定，有限责任公司成立后，应当向股东签发出资证明书。出资证明书应当载明下列事项：公司名称，公司成立日期，公司注册资本，股东的姓名或者名称，缴纳的出资额和出资日期，出资证明书的编号和核发日期，并由公司盖章。 有限责任公司应当置备股东名册，记载下列事项：股东的姓名或者名称及住所，股东的出资额，出资证明书编号。记载于股东名册的股东，可以依股东名册主张行使股东权利。 公司应当将股东的姓名或者名称向公司登记机关登记；登记事项发生变更的，应当办理变更登记。未经登记或者变更登记的，不得对抗第三人
2	参与决策权	根据《公司法》规定，有限责任公司股东会由全体股东组成。股东会是公司的权力机构，行使下列职权：决定公司的经营方针和投资计划，选举和更换非由职工代表担任的董事、监事，决定有关董事、监事的报酬事项，审议批准董事会的报告，审议批准监事会或者监事的报告，审议批准公司的年度财务预算方案、决算方案，审议批准公司的利润分配方案和弥补亏损方案，对公司增加或者减少注册资本做出决议，对发行公司债券做出决议，对公司合并、分立、解散、清算或者变更公司形式做出决议，修改公司章程等。 股份有限公司股东大会由全体股东组成。股东大会是公司的权力机构。股东出席股东大会会议，所持每一股份有一表决权。股东大会做出决议，必须经出席会议的股东所持表决权过半数通过。但是，股东大会做出修改公司章程、增加或者减少注册资本的决议，以及公司合并、分立、解散或者变更公司形式的决议，必须经出席会议的股东所持表决权的 2/3 以上通过

续表

序号	享有权利	内容
3	选择、监督管理者权	股东会是公司的权力机构，有权选举和更换非由职工代表担任的董事、监事，决定有关董事、监事的报酬事项，审议批准董事会和监事会或者监事的报告
4	资产收益权	《公司法》规定：公司分配当年税后利润时，应当提取利润的10%列入公司法定公积金，并提取利润的5%～10%列入公司法定公益金。公司法定公积金累计额为公司注册资本的50%以上的，可不再提取。公司的法定公积金不足以弥补上一年度公司亏损的，在依照前款规定提取法定公积金和法定公益金之前，应当先用当年利润弥补亏损。公司在从税后利润中提取法定公积金后，经股东会决议，可以提取任意公积金。公司弥补亏损和提取公积金、法定公益金后所余利润，有限责任公司按照股东的出资比例分配，股份有限公司按照股东持有的股份比例分配
5	知情权	《公司法》规定：股东有权查阅、复制公司章程、股东会会议记录、董事会会议决议、监事会会议决议和财务会计报告。股东可以要求查阅公司会计账簿。股东要求查阅公司会计账簿的，应当向公司提出书面请求，说明目的。公司有合理根据认为股东查阅会计账簿有不正当目的，可能损害公司合法利益的，可以拒绝提供查阅，并应当自股东提出书面请求之日起15日内书面答复股东并说明理由。公司拒绝提供查阅的，股东可以请求人民法院要求公司提供查阅
6	提议、召集、主持股东会临时会议权	董事会不能履行或者不履行召集股东大会会议职责的，监事会应当及时召集和主持；监事会不召集和主持的，连续90日以上单独或者合计持有公司10%以上股份的股东可以自行召集和主持临时会议

续表

序号	享有权利	内容
7	优先受让和认购新股权	股东持有的股份可以依法转让。经股东同意转让的出资，在同等条件下，其他股东对该出资有优先购买权；公司新增资本时，股东有权优先按照实缴的出资比例认缴
8	退出权	《公司法》规定，有下列情形之一的，对股东会该项决议投反对票的股东可以请求公司按照合理的价格收购其股权：（1）公司连续五年不向股东分配利润，而公司该五年连续盈利，并且符合本法规定的分配利润条件的；（2）公司合并、分立、转让主要财产的；（3）公司章程规定的营业期限届满或者章程规定的其他解散事由出现，股东会会议通过决议修改章程使公司存续的。自股东会会议决议通过之日起60日内，股东与公司不能达成股权收购协议的，股东可以自股东会会议决议通过之日起90日内向人民法院提起诉讼。此外，在公司经营管理发生严重困难，继续存续会使股东利益受到重大损失，通过其他途径不能解决时，持有公司全部股东表决权10%以上的股东，可以请求人民法院解散公司
9	诉讼权	公司法规定，公司董事、高级管理人员侵害公司权益时，股东可以书面请求监事会或者不设监事会的有限责任公司的监事向人民法院提起诉讼；监事侵害公司权益时，股东可以书面请求董事会或者不设董事会的有限责任公司的执行董事向人民法院提起诉讼。前述监事会、监事或者董事会、执行董事收到股东书面请求后拒绝提起诉讼，或者自收到请求之日起30日内未提起诉讼，或者情况紧急、不立即提起诉讼将会使公司利益受到难以弥补的损害的，股东有权为了公司的利益以自己的名义直接向人民法院提起诉讼。他人侵犯公司合法权益，给公司造成损失时，股东也可以依照上述规定向人民法院提起诉讼

续表

序号	享有权利	内容
10	关联交易审查权	股东有权通过股东会就公司为公司股东或者实际控制人提供担保做出决议，在做出该项决议时，关联股东或者受实际控制人支配的股东，不得参加该事项的表决。该项表决应由出席会议的其他股东所持表决权的过半数通过；公司的控股股东、实际控制人、董事、监事、高级管理人员不得利用其关联关系损害公司利益。违反该项规定，给公司造成损失的，应当承担赔偿责任

3. 股权分类

股权又分为自益权和共益权，单独股东权和少数股东权，普通股东权年和特别股东权（见图 2-2）。

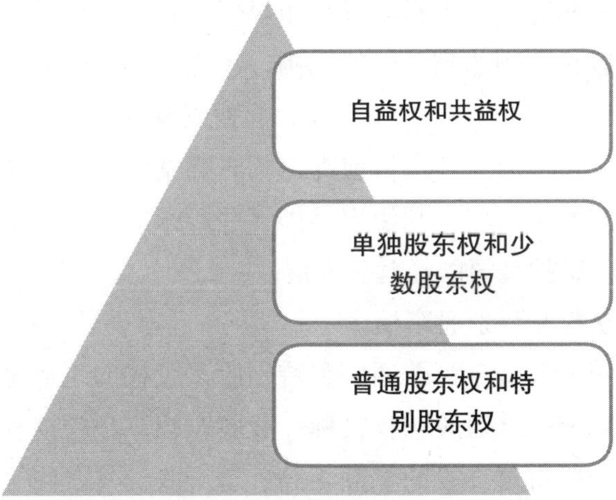

图 2-2　股权分类

（1）自益权和共益权。

从股权的目的来分，可将股权分为自益权和共益权。自益权主要是财产权，是指股东为了自己的利益和目的行使的权利。如股利分配请求权、公司盈余分配请求权、退股权、股票交付请求权、剩余财产分配请求权、股份转让权、股东名册变更请求权、新股优先认购权等。共益权是股东为了自己利益、目的的同时，兼顾公司利益，而行使的权利。如公司合并无效诉讼提起权、质询权、累积投票权、公司解散请求权、股东会和董事会决议无效确认请求权和撤销请求权、股东会议召集权、临时股东大会召集请求权、股东账簿查阅权、代表诉讼提起权、表决权、提案权等。自益权和共益权的共同点在于，两者都维护了股东的利益、目的；不同点在于自益权主要与财产、自身利益等紧密相连，共益权主要保护了公司和全体股东的利益、目的。

（2）单独股东权与少数股东权。

根据股东行使权利的方式，可将股权分为单独股东权和少数股东权。单独股东权是指每一单独股份享有的权利，就是无论股东持股数量多少，无论股东是否在公司担任职务，无论担任哪种职务，只要具备股东身份，都可以依照法律和公司章程行使权利。如表决权、宣告决议无效请求权、公司剩余财产分配权、分派股息请求权等。少数股东权是相对于单独股东权而言的，是指股东持有的公司已发行股份数额达到一定的比例，才能行使一定的权利。例如《中华人民共和国公司法》第一百零二条规定：单独或者合计持有公司3%以上股份的股东，可以在股东大会召开十日前提出临时提案并书面提交董事会。少数股东权可以防止有些股东滥用权利侵害另外一些股东的利益，更好地维护公司及全体股东的利益，维护公司的经营和发展。

（3）普通股东权和特别股东权。

股份有限公司的股份分为普通股和特别股，股权的主体也相应地分为普通股东权与特别股东权。普通股东权又称一般股东权，是指持有普通股产生的股东权，由于同种类股份每一股的金额相等，每一股份具有同等权利，因此普通股东的每一股份都有着相同的权利和义务。不同的是，当股东持有的股份超过股份有限公司股份一定数量时（按照公司股份总数的比例计算），表决权要受公司章程的限制。这样的限制是为了防止持有股份多的股东滥用权利，损害其他股东和公司的利益。普通股东权包括经营参与权、剩余财产请求权、收益分配请求权、优先认股权等。

特别股东权是指股份有限公司中特定股东所拥有的权利，像公司的发起人，持有特别股份（如优先股、后配股、混合股和偿还股）的股东所享有的权利。特别股东权的权利因股份的不同、公司章程的规定不同而各有差异，概括起来有四个共同点。第一，对公司的一些事项有优先表决权。第二，公司盈余时，在弥补亏损和提取公积金后，优先分得股息和红利。第三，公司解散清算时，若有剩余财产，可获得优先分配。第四，只有在普通股东分得盈余或剩余财产后，尚有剩余的，才能获得盈余或剩余财产的分配。

股份有限公司中的特别股份源于股份有限公司制定的公司章程，并没有与"股东平等原则"对立。一方面，特别股东在某些方面的利益优于其他股东，在另一些方面的利益就劣于其他股东，另一方面，在特别股份中，同一股份内的股东间仍然是平等的。

在同股同权的股权结构中，股东持有的股权数量决定了控制权的大小。

2.2.2 股份

股份是基于股东地位，可对公司主张权利大小的表示。一般有三层含义（见图 2-3）。

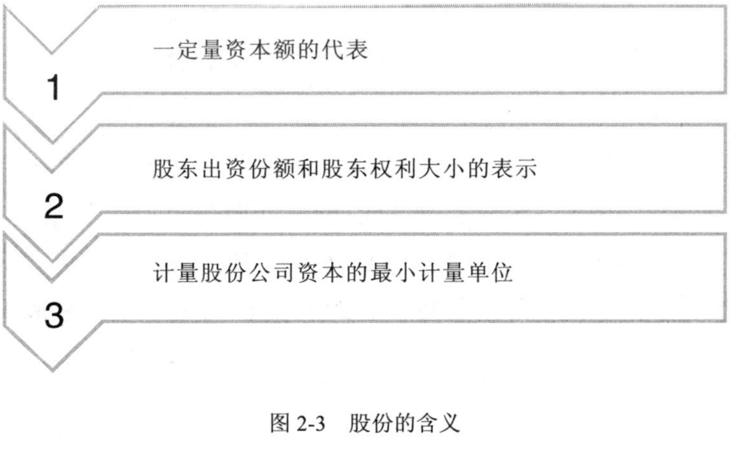

图 2-3　股份的含义

股份具有金额性、平等性、不可分性和可转让性四个特点，可以通过股票价格的形式表现其价值。它与股权的区别在于：基于股东地位而可对公司主张的权利，是股权；基于股东地位，可对公司主张权利大小的表示是股份。当表达对某公司控制权的时候，股权和股份在形式上讲是一样的，都是指持有某公司的部分权益，是某公司的所有人。不过，股权侧重于表达对公司拥有权益这个概念，股份则侧重于表达拥有所有权这个事实。举例来说，某人持有公司 100% 的股权，侧重于表达了对公司拥有全部的投票权、决策权、利润分红权等；某人又持有公司 100% 的股份，则侧重于表达了拥有公司，是公司的所有人这个事实。

2.2.3 股票

股票是股份的表现形式，是证明股份有限公司股东身份的凭证。股票是在股份有限公司成立之后签发的，因此股票只是将已经存在的股东权表现出来而已，股票与股份，是形式与内容的关系。

控制权的大小，也体现为拥有股票数量的多少。例如，2016 年 9 月 14 日，阳光财产保险股份有限公司通过集中交易增持伊利股份无限售条件流通股 566.79 万股，占伊利股份总股本的 0.09%，增持均价 16.10 元。增持后，阳光产险和阳光人寿保险股份有限公司合计持有伊利股份普通股股票 3.03 亿股，占上市公司总股本的 5%。这一持股数量，将改变伊利现行的股权结构，对现有股东的控制力提出挑战。

再如，2016 年 11 月 3 日至 12 月 13 日，西藏巨浪通过上交所集中竞价交易系统买入浪莎股份股票约 486 万股，占总股本的 5%，同时西藏巨浪还披露预计在未来 12 个月内，拟继续增持浪莎股份，增持数量不低于 10 万股，不高于 2000 万股。以浪莎股份 0.97 亿的总股本计算，如果增持完成，西藏巨浪将最高持有的浪莎股份约 25.6% 股份，引发了市场对浪莎股份控制权的关注。

2.3 起底股权纷争的源头

2013 年至 2016 年，山水水泥就一直处在股权混战中，法庭上的“文斗”、各路人马对峙的“武斗”、第三方股东的介入、债务违约的爆发等各种“剧目”，逐一上演。与此同时，公司业绩也是直线下降，2013 年净利润为 10 亿元，2014 年净利润仅入账 3 亿元，2015 年亏损 63.9 亿元，迎来了上市后的首个也是最大的亏损年。

事态演变于此，源于各方争夺控制权。

2010 年，围绕控制权，国美大股东黄光裕与以职业经理人陈晓为首的董事局之间也爆发了激烈股权战争。向证监会投诉、发“致股东公开函”拉票、写信呼吁员工支持大股东、增持、推股权激励反击管理层、“挟”国美非上市门店“逼宫”，各方悉数出招，共同制造了一起中国企业史上最为惊心动魄的企业控制权之争。虽然最终黄光裕胜出，但这对曾经惺惺相惜的战友，已在控制权争夺中彻底决裂。

2016 年，京东创始人刘强东在对其公司的经营理念和价值观念进行阐述时，曾强势表态：“如果我失去了对京东集团的控制权，那我就彻底退出，拿钱走人。”

为什么股权纷争难以平复？只缘各股东对控制权的追求“孜孜不倦”，“树欲静而风不止”。

股东控制权，即股东对其拥有股权公司的人、财、业务、运营等的相应控制权，具体体现在公司经营决策、董事改选、章程修订、重大投融资计划、重组并购计划、利益分配等事项上的决定权。

股东控制权有广义和狭义的区分。广义的股东控制权，泛指股东依据公司章程对公司拥有的各项权利，广义的股东控制权一般情况下为理论上的控制权；狭义的股东控制权，仅指股东对公司实际运营当中的人、财、业务、运营等权益的实际控制部分的权力，也就是股东对公司拥有的实际控制权力。

按照股东意志实施的博弈程度和在运营中的贯彻程度，股东控制权可以分为具有完全控制权、具有均衡控制权、具有部分控制权、不具有控制权（见图2-4）。

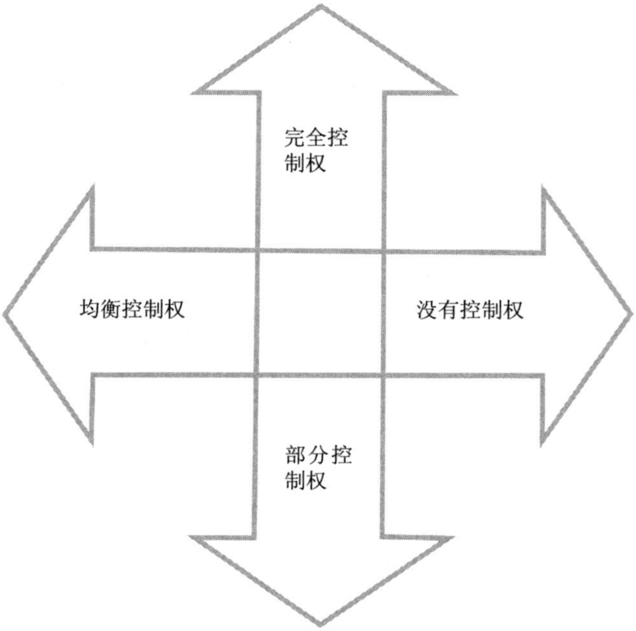

图 2-4　控制权分类

具有完全控制权的股东对于企业的运营管理层具有完全的控制力，不存在制衡其控制权的利益相关者，在各方博弈中处于完全有效的控制状态。

具有均衡控制权的股东对企业运营的部分活动具有控制力，但需要与其他股东及利益相关者进行不同程度的博弈才能实现自身意志，且其利益需要被其他利益相关者慎重考虑，博弈结果具有较高确定性。

具有部分控制权的股东对企业运营的非机要部分活动具有控制力，在贯彻自身意志时需要与其他股东及利益相关者进行尝试的博弈，并且博弈结果具有不确定性。

不具有控制权股东处于各种应得利益被忽略的状态，不愿也无力参与意志实现的博弈和公司实际运营的控制。

从公司层面来看，控制权主要体现在股东大会、董事会、管理层拥有的权力（见图 2-5）。如在股东大会上，以 2/3 以上的表决权通过重大资产重组、股权激励计划等；在董事会上决定公司的经营计划和投资方案，及内部管理机构的设置；在经营管理层面，负责公司实际运营、掌管公章等。

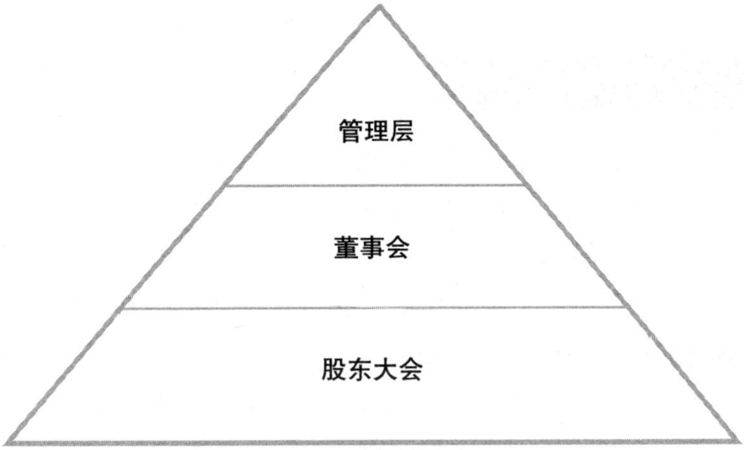

图 2-5　控制权体现的三个层面

2.4 股权与公司治理

万科股权之争基本尘埃落定，已在中国企业史上留下浓墨重彩的一页。如果仅仅从市场的角度考虑，万科事件的根源还是公司治理问题。

2.4.1 公司治理的含义

公司治理，又称为公司治理结构、法人治理，其实质是通过对索取权和控制权的分配，建立一套机制来控制与指导公司的行为，并处理各相关方的矛盾与冲突。

良好的公司治理具有五方面作用。第一是能够坚持以全体投资人和公司的整体利益为导向，合理配置公司资源，提高运作效率；第二是通过董事会对企业战略体系进行咨询与审定，促进企业决策科学化；第三是通过建立有效的监督与激励机制，使经营者守法经营并充分发挥经营才能，提高企业经营管理水平，增强企业竞争力；第四是保证公司运作公正、透明，增强投资者的信任，从而使公司在资本市场上更有竞争力，降低融资成本；第五是构筑抵御“野蛮人”入侵的坚固防线。具体来说，公司治理有三方面的含义（见图 2-6）。

公司治理结构中各组织的设置方式、权利义务及各组织行使权利的制度或规范

企业股东、董事会、监事会、经理层相互之间的激励约束机制的制度或规范

相关利益对企业决策和活动的监督

图 2-6　公司治理的含义

2.4.2 公司治理问题

好的公司治理结构要求既能保障股东权利，又有助于提高企业运行效率。只有明晰以下三个问题（见图 2-7），才能做好公司治理，为企业发展打好“地基”。

确保管理团队尽职尽责，致力于企业价值的最大化

确保企业长期价值和短期利益的统一

对大股东的约束

图 2-7　公司治理问题

由于经营权和所有权（股权）的分离，公司治理需要通过相关机制确保管理团队尽职尽责为企业长远发展服务，如通过长期股权激励确保职业经理人致力于股东利益，通过约束机制避免职业经理人与大股东的合谋来损害中小股东利益，避免职业经理人通过关联交易等进行利益输送从而损害企业利益。

但由于董事会和管理团队任期有限，因此本质上他们可能更多关注企业短期利益，如管理团队力求在任期内做一些曝光度高的事情拉升股价，然后套现走人；或者打着节约成本的名号，减少对长期科研的投入；或者为了提高任期内的业绩，寅吃卯粮，过度消费企业现有资源。

另外，公司治理还有一个重要任务就是如何有效约束大股东的行为。很多公司的大股东也是企业管理者，在企业的话语权较高，因此需要一种机制对大股东进行约束，维护各方相关主体的现实利益和合理的期望利益，避免大股东损害其他股东的利益，如在董事会引入独立董事其实就是对大股东的制约方式之一。

2.4.3 公司治理分类

根据治理环境和运行机制的不同，公司治理又可分为内部公司治理和外部公司治理。

内部公司治理是指通过规章、制度和法律等手段分配包括股东大会、董事会、监事会、经理层等机构各自的权利与责任，目的是保证股东利益的最大化，同时防止所有者和经营者之间的利益有所背离（见图 2-8、图 2-9）。

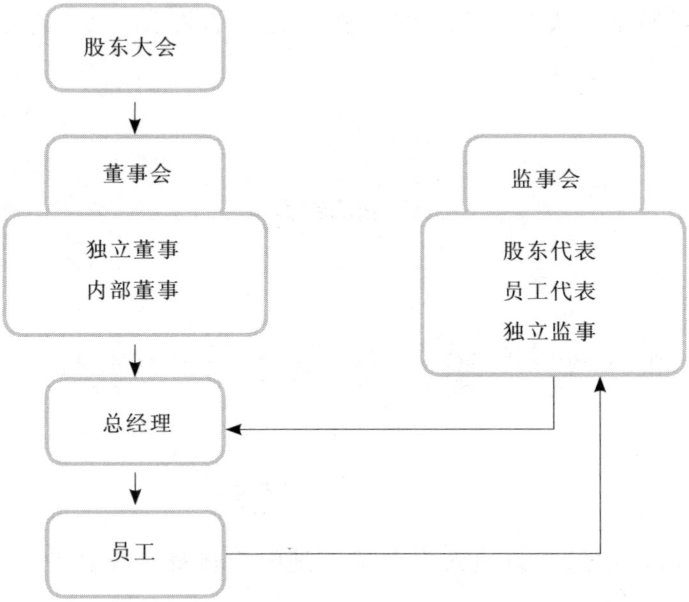

图 2-8　公司内部治理框架

公司治理基本要求	证监会《上市公司治理准则》	五部委《内部控制基本规范》及配套指引
• 公司治理结构 • 董事会的构成及制作 • 控制环境 • 信息透明化及公开 • 股东	• 股东和股东大会 • 关联交易 • 控股股东的行为 • 董事和董事会 • 独立董事制度 • 监事会 • 信息披露与透明度	• 治理层的设置 • 管理层的设置 • 内部职能机构的设置 • 部门职责划分 • 制定内部管理制度 • 沟通与权力行使 • 内部机构的调整 • 定期评价

图 2-9　内部治理的内容

外部公司治理主要是指企业与利益相关者之间的关系，通过内部或者外部制度，或正式或非正式的制度，来协调两者之间的关系，以达到最终维护公司利益的目的（见图 2-10）。

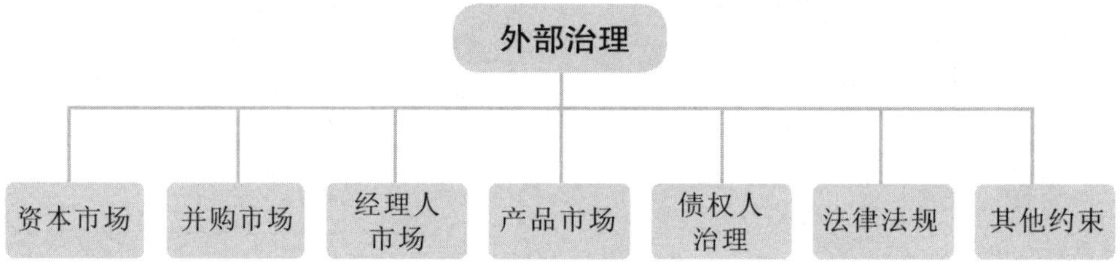

图 2-10　公司外部治理框架

万科之所以招致“野蛮人”入侵，是因为自身存在企业治理问题。具体表现在以下几点。

经营状况和股价的长期背离，导致股价被严重低估。

股权分散，管理层持股过低，在董事会没有足够的话语权。

章程存在漏洞。《万科公司章程》规定，万科董事由股东提名。意味着股东可以随时更换董事，无论是否任期届满。创始人无法掌握公司董事会，丧失了对公司的实际控制权。

公司就像一栋楼，地基的深度和牢固程度决定了这座楼能盖多高，浅而不稳的地基，迟早会出现“大厦倾倒”的现象。只有加强公司治理建设，才能让公司治理成为企业价值的源泉，实现基业长青。

2.5 直接持股、间接持股、交叉持股

实践中，股东可以通过直接持股、间接持股或交叉持股取得企业的控股权。

2.5.1 直接持股

直接持股，即股东以自然人身份直接持有股份，如马云持有阿里巴巴的股份，李彦宏持有百度的股份，马化腾持有腾讯的股份。

直接持股的优势在于不涉及中间公司，股权结构明晰，运作成本较低。

2.5.2 间接持股

间接持股是指通过其他载体持有另一个公司的股份。比如A公司通过旗下的B公司收购C公司的股份后，A公司将间接成为C公司的股东。

2015年，手游公司掌趣科技通过发行股份加现金的方式并购晶合思动100%股权、天马时空80%股权、上游信息30%股权，交易对价合计达到人民币43.04亿元。这一数值创下了当时国内游戏公司的并购纪录。由于腾讯、小米分别是被收购的晶合思动、天马时空的股东，交易完成后，腾讯、小米不但能获得一部分现金收益，还将间接持有掌趣科技的股票，成为掌趣科技的第四和第十大股东，占股1.45%和0.56%。

再如，2010年4月，腾讯以3亿美元入股俄罗斯Digital Sky Technologies公司（简称DST），持有DST约10.26%的经济权益和DST约0.51%的总投

票权，及提名一名 DST 董事会观察员的权利。2011 年以来 DST 在全球大展拳脚，以 8 亿美元入股 Twitter，投资美国社交游戏公司 Zynga，投资全球最大的流媒体音乐服务之一 Spotify 和团购网站 Groupon；在中国则投资了滴滴打车、京东、小米、新浪、陌陌等，腾讯作为 DST 的股东，也间接成为了这些公司的股东。特别是 2013 年 DST 对小米 20 亿美元的投资，一直盛传腾讯是其幕后投资者。间接持股常呈现出一个金字塔式的控制链。在这种方式下，具有控制权的人控制第一层公司，第一层公司再控制第二层公司，以此类推，通过多个层次的公司链条取得对目标公司的最终控制权（见图 2-11）。

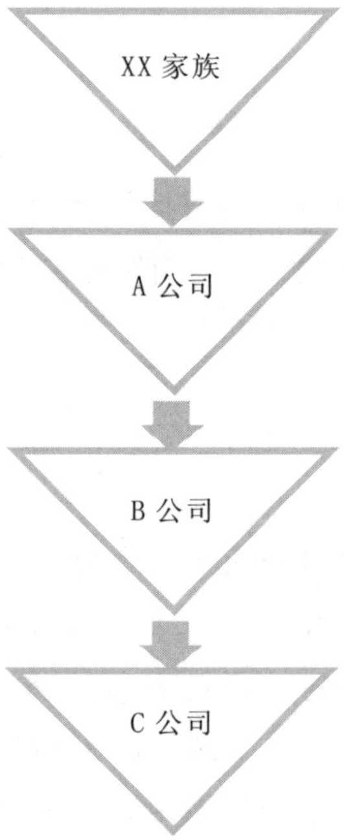

图 2-11　间接持股结构

1. 间接持股方式

间接持股的方法多种多样，操作也比较灵活，实践中主要有收购方直接收购上市公司大股东股权、向大股东增资扩股、出资与大股东成立合资公司、托管大股东股权等四种方式（见图 2-12）。

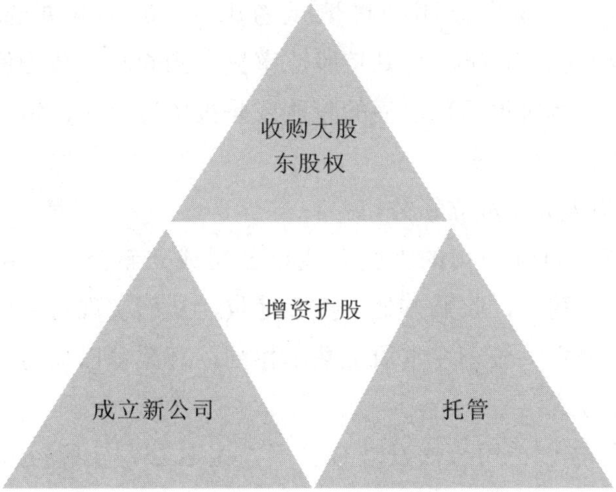

图 2-12　间接持股的方法

（1）收购大股东股权。

直接收购大股东股权，这是最普遍，也是最便捷的方式。收购人通过收购大股东的部分股权实现对大股东的控制，间接获得对公司的控制权。这种方式下，收购人需要有实际的现金流出，来支付大股东转让股权所需的资金。

例如，2002 年，哈尔滨盛兴科技开发有限公司通过收购哈慈大股东郭立文、赵立、郭子鉴的股权，成为哈慈集团股份有限公司的控股股东。

（2）对大股东或母公司增资扩股。

通过对上市公司的大股东或母公司增资扩股，获得对上市公司母公司控制权，从而实现对上市公司的间接控制。这种方法可规避收购人的实际现金流出，收购方所出资金的控制权仍掌握在自己控制的公司中。

例如，恒大集团就通过增资扩股实现了对恒大淘宝足球俱乐部的控制。

2014年6月，阿里巴巴投资12亿元，为恒大俱乐部增资扩股，增资后的俱乐部易名为广州恒大淘宝足球俱乐部，恒大集团与阿里巴巴集团持股各为50%。但这样的股权分配结果在合作各方看来并不相符现代企业管理制度，在恒大看来也不符合其利益。恒大集团经过慎重考虑在2015年决定增资4亿元现金投入到恒大淘宝俱乐部，将其持股比率提高到60%，成为俱乐部第一大股东。由此，在恒大淘宝俱乐部以后的收购或是投资行为中，恒大集团也将占主导地位。

（3）出资与大股东成立新公司。

收购方出资与目标公司的大股东或母公司成立新公司，并由新公司控股目标公司。在新公司中，收购方处于控股地位，从而实现对目标公司的间接控制。这种方式与增资大股东在本质上基本相同，甚至可以认为是向大股东增资扩股的一种特殊方式。

比如A公司与C公司合伙设立B公司，由B公司实际控股D公司，由于A公司在B公司中占据控股地位，从而间接实现对D公司的控股。

（4）托管。

大股东把持有的公司股份委托给收购人管理，委托收购人来行使大股东的股权，从而使收购人间接控制公司。这种方式多发生在上市公司股权转让未获得批复前，先采用托管方式引入重组方，具有较大的风险，实践中采用较少。

2. 优点

相对于直接持股相比，间接持股具有明显的优点。

（1）规避监管。

间接持股在形式上并未对目标公司的股东进行变更，比如A公司通过获得B公司的控制权，间接成为C公司的控股股东，这在形式上并未对C公司的股东进行更换。对于一些特殊的行业或是外资在收购国内企业时，往往可以规避管理机构的监管，简化审批程序。

例如，2015年4月，58同城宣布战略入股赶集网，以现金加股票的方式获得赶集网43.2%的股份（完全稀释后），其中包含3400万份普通股（合1700万份ADS）及4.122亿美元现金。合并后，58同城和赶集网将以独立品牌继续运用。2015年8月，58同城又向一些私募股权基金贡献4650万股新增发普通股以及2.724亿美元现金，而这些基金中的一个财团收购了赶集网剩余股权。实际上，58同城是以“有限合伙人”身份参与创立私募基金，通过私募基金，间接获得了赶集剩余股权。业内人士表示，采用这种方式主要是避免外界指责合并会对本地生活领域造成垄断，规避监管机构的反垄断调查。

（2）降低税务成本。

举个简单的例子，A集团是B公司的控股股东，如果A集团直接持有C公司的股份，在股转阶段C公司需要就次股权出售价款缴纳两次企业所得税。C公司在取得股权出售价款时，应在扣减相应股权计税成本和股权转让印花税等税费后依法缴纳企业所得税，C公司的控股股东也需申报缴纳企业所得税；如果采取间接持有方式，由B公司充当收购主体，则股权出售价款由B公司直接支付给C公司，C公司只须按照法律规定缴纳一次企业所得税。

2.5.3 交叉持股

交叉持股，又称相互持股，是指两个或两个以上的公司为了特定目的而相互持有股份，从而形成一种你中有我，我中有你的股权结构。比如，甲持有乙的股权，乙持有丙的股权，丙又持有甲的股权。

2016年8月1日，滴滴出行宣布与Uber全球达成战略协议，滴滴将收购Uber中国的品牌、业务、数据等全部资产在中国大陆运营。同时，双方将形成相互持股关系，Uber全球将持有滴滴5.89%的股权，滴滴出行创始人兼董事长程维将加入Uber全球董事会，Uber创始人TravisKalanick也将加入滴滴出行董事会。滴滴出行将整合双方团队在管理和技术上的经验与专长，在用户资源、线上线下运营和营销推广等层面共享资源、协同发展。

交叉持股有以下优势（见图2-13）。

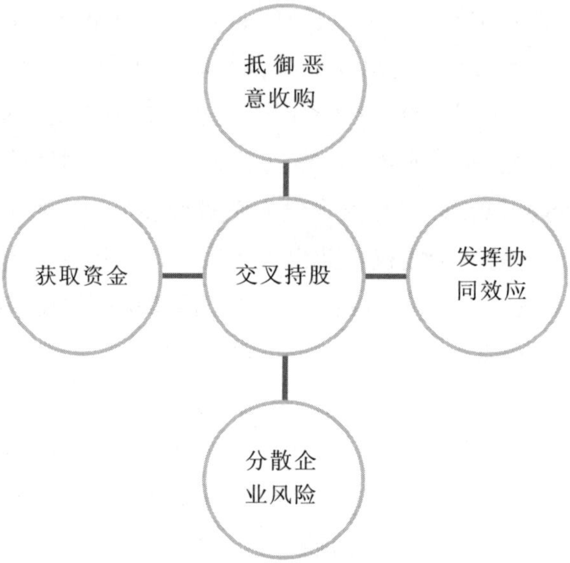

图 2-13 交叉持股的优势

首先，交叉持股有助于公司抵御恶意收购。当公司面临恶意收购时，互为股东的交叉持股企业间是共同利益相关者，这就形成了一种联盟关系，可以以集团整体的股权优势使“野蛮人”望而却步，使控制权屹立不倒。

20 世纪 60 年代后期外国投资自由化阶段，美国等老牌资本主义国家大举向日本进行 FDI（外商直接投资），尤其是闯入了一些日本企业的优势领域，比如汽车行业。丰田、日产、五十铃、日野、大法等汽车公司运用相互持股策略来防止被外国企业恶意收购。

2004 年，广发证券股份有限公司面临中信证券的敌意收购，在收购战中，广发证券的交叉持股方深圳吉富创业投资股份有限公司、吉林敖东和辽宁成大三家公司迅速增持，以 66.7% 的股份占据了绝对控股地位，牢牢控制了广发证券，成功地挫败了中信证券的敌意收购。

其次，交叉持股可以发挥各方的协同效应，形成互动性上涨关系。交叉持股有助于企业间的横向协作和纵向整合，比如通过在技术、销售、信息等方面的资源互补，或者上下游企业之间的纵向一体化，使公司的能力达到协调有效的利用，一旦其中一个公司的资产实现了增值，意味着相互间持有的股权也在升值，进而刺激自身股价上涨，从而形成互动性上涨关系。

第三，交叉持股可以分散企业的经营风险。交叉持股引进新股东，有助于实现业务联盟，可以起到分散风险的作用。

第四，交叉持股有助于获取资金和提高资金使用效率。公司与金融机构的交叉持股可以帮助企业引入可靠的资金来源，而母子公司之间的交叉持股可以帮助企业提高资金使用，用较少的资金获得较大的控制权。

但交叉持股也存在一定的劣势（见图 2-14）。

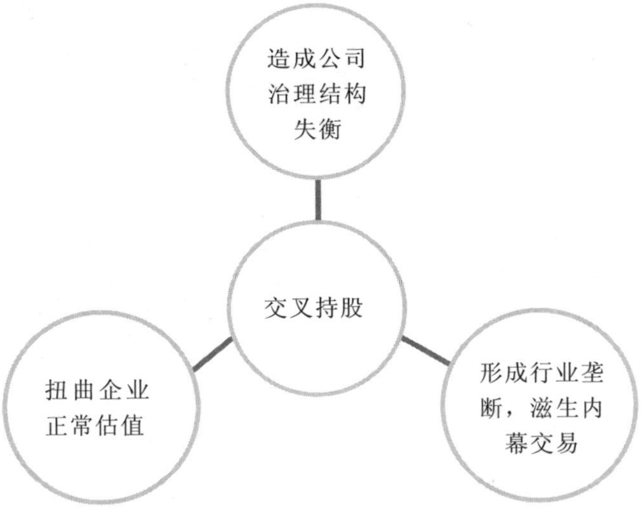

图 2-14 交叉持股的劣势

首先，交叉持股容易扭曲公司正常的估值。交叉持股使资金在公司间来回流动时，造成虚增资本的想象，夸大了企业真实的偿债能力，扭曲了公司的正常估值。

其次，交叉持股容易形成行业垄断，滋生内幕交易。交叉持股使相关各企业间的信息沟通渠道更加顺畅，各公司间更容易形成业务结盟，甚至是行业垄断，以排挤对手和获取垄断利润，从而破坏市场化的竞争机制。同时，在监管制度不完善的环境下，很容易滋生内幕交易或关联交易。

第三，交叉持股容易造成公司治理结构失衡。在交叉持股状态下，一个公司的管理层往往具有对另一个公司的重大决策权，如果双方管理层代为行使表决权时相互勾结，将使公司治理结构失衡。

第3章

股权结构，从根基上筑牢控制权的防线

清晰、合理的股权结构是筑牢控制权的前提。同室操戈的“西少爷”，一夜分家的“泡面吧”，劳燕分飞的“罗辑思维”，对簿公堂的“真功夫”……无数企业因股权结构不合理导致控制权之争，使团队分崩离析，企业发展受阻。所以，企业必须在初创时期就做好股权结构设计。

3.1 股权结构，纷争背后的“硬伤”

随着蔡达标的锒铛入狱，真功夫持续4年有余的股权之争终于画上句号。真功夫事件，表面上看是由于家族矛盾所引起的，特别是蔡达标和潘敏峰的离婚是关键。但实际上，问题的根源在于不合理的股权结构。

真功夫设立之初，蔡达标夫妻与潘宇海持股比例各为50%，在2007年引进今日资本和中山联动两家私募股权投资后，二者的持股比例依旧为47%:47%（见图3-1）。由于双方持股比例对等，没有核心股东，在很多事情上无法形成决策。企业发展中每个股东对企业的贡献肯定是不同的，股权比例对等，即意味着股东贡献与股权比例不匹配。随着企业规模的扩大这种不匹配也会随之加剧，很容易造成股东矛盾。这些都为日后的股权之争埋下了伏笔。

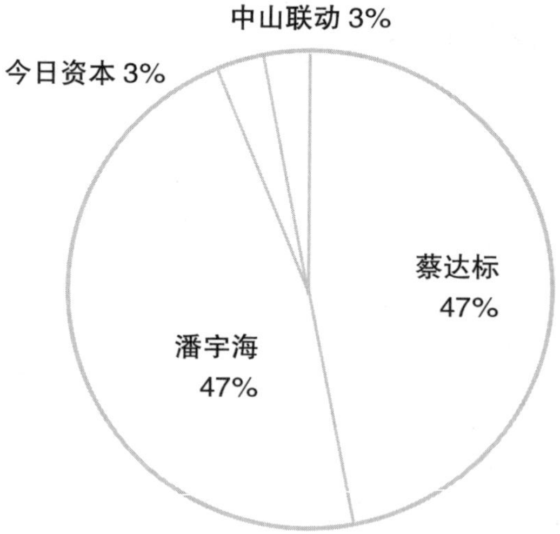

图 3-1　真功夫股权结构

海底捞最初也是这种结构，两家人各占 50% 的股份。但随着企业的发展，创始人之一的张勇逐渐成为公司领袖，重大决策几乎都由他拍板决定。在这种情况下，张勇意识到原来的股权结构不合理，很容易导致纠纷，便开始着手“治愈”股权结构的“硬伤”。张勇先是让另外 3 个股东离开了企业管理层，只做股东，在 2007 年海底捞步入快速发展期后，又以原始出资额的价格，从另一对夫妇手中回购了 18% 的股权，最终彻底打破了原先均分的股权结构，形成了张勇是绝对控股股东的事实，避免了股权结构对公司的负面影响。

股权结构设计，以下几个“硬伤”是需要避免的（见图 3-2）。

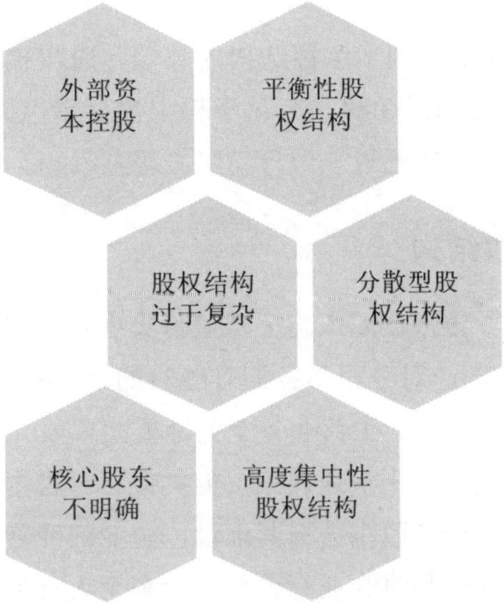

图 3-2　股权结构的“硬伤”

1. 平衡型股权结构

创业初期，为了体现分配的公平性，很多公司会平均分配股权，比如 50%: 50%。而这样导致的结果就是公司大股东之间的股权比例相同或非常接近，没有其他小股东或者其他小股东的股权比例极低，一旦出现意见分歧，很可能形成股东会僵局，无法实现有效决策。另外，在实际经营中，每个股东对公司的贡献是不同的，如果股权一样，会导致公司控制权与利益索取权失衡，为未来的利益分配埋下隐患，比如前述案例中的真功夫。

2. 分散型股权结构

为了凝聚人心，将公司股权分散在大量小股东手中，且持股比例相差不大，单个股东所持股份的比例大都在 10% 左右，没有核心大股东。这种股权结构看似相互制衡，但实际上因为有着大量小股东的存在，容易引发公司管理层道德危机，使公司各项决策变得异常复杂，公司大量的精力和能量消耗在股东之间的博弈活动中。

“宝万”之争让我们看到了这种结构的弊端。股权极度分散，在持股股东中，没有任何一家持股超过 30%，公司资料中也显示“无实际控制人”，当面对“野蛮人”踢门时，很难通过一致行动阻击恶意收购。

3. 高度集中型股权结构

为了获得控制权，很多创始人将公司股份集中在自己手中，拥有公司股份的 80% 以上，甚至全部，对公司事务拥有绝对的话语权，包括修改公司章程，决定公司分立、合并、上市、主营业务变更等重大事项。

这种股权结构虽然有利于快速决策，但类似“一言堂”和家长式的管理模式，公司董事会、监事会和股东会形同虚设，企业的经营管理都由一个人说了算，缺乏制衡机制，很容易将企业行为与大股东个人行为混同，从而导致决策失误，资金运用不透明，增大企业经营风险。如果企业想上市，这种实际控制与其家族“一股独大”的股权结构是必须要妥善处理的。

2015 年，曾被舆论推为最火的自媒体之一，在优酷上的总播放量达到 7050 多万，微信公众号订阅数达 110 多万，有近 3 万会员贡献了近千万元会费收入，估值高达一亿的自媒体“罗辑思维”突然宣告散伙，让业界唏嘘不已。对于其散伙原因，其中高度集中的股权结构非常致命。

从工商登记资料来看，该公司的大股东为申音，拥有超过 82% 的股份，可谓高度集权。而另一股东罗振宇所拥有的股份不到18%（见图3-3）。从持股比例来看，申音对公司事务拥有绝对的话语权，罗振宇仅为申音打工，这似乎违背罗振宇倡导的“自由人的自由联合”精神。后期，公司的项目核心人变成了罗振宇，而这个明显不合理的股权结构则为其分道扬镳埋下了伏笔。

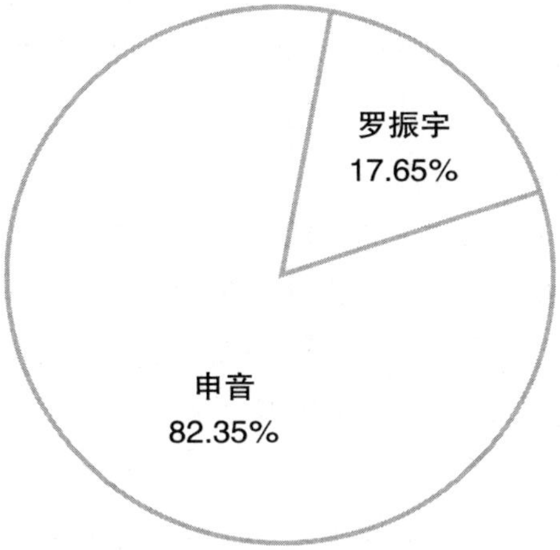

图3-3　“罗辑思维”最初的股权结构

4．核心股东不明确

企业股权结构设计，核心大股东地位要明确，包括在股东会拥有的表决权和对公司的控制力。例如，百度的核心大股东为李彦宏，360的核心大股东为周鸿祎，京东的核心大股东为刘强东，腾讯的核心大股东为马化腾。

创业企业，从一开始就要明确公司的核心股东及其拥有的核心控制权。这样，即使大股东依靠持股数量无法掌握控制权，企业也可以通过AB股计划、事业合伙人制度等确保大股东对公司的控制力，不至于在股东会与董事会层面，因权力无法集中致使公司沦为赌徒手里不断转售的纸牌。

5．股权结构过于复杂

股东人数过多，股权构成过于复杂，存在大量的代持人、期权池、交叉持股、双股权、委托投票权等，都容易导致股权纠纷。

初创企业最科学的配置是3个人，这样在沟通方面会有缓冲地带，有助于维护公司和创业项目稳定。

6. 外部资本对公司控股

很多创业初期的公司，由于缺乏启动资金，及不能充分认识到自己公司的价值，不能合理规划股权，往往会因为一时资金紧缺，将公司的大量股权交给外部资本，从而使得控制权旁落。

外部资本控制，将影响公司的长期发展。首先，创始团队没有对公司的控制权，感觉是在为别人打工，没有足够的工作动力；其次，没有预留足够股权利益空间吸引优秀的合伙人加入，影响公司长远发展；再次，外部资本对公司的实际经营状况了解有限，容易做出错误决策。

因此，企业在设计股权结构时，事先要考虑到未来融资对股权稀释的问题，谨防外部资本控制公司。一般来说一个公司从初创到上市，需要4到5轮融资，最好采用小步快跑的方式，多融几轮没关系但每一轮都不要对股权稀释太多，同时做好各种防备措施，确保创始团队的控制权。

资本时代，股权结构设计的意义主要体现在以下几个方面：明晰合伙人之间的权责利，科学体现各合伙人对企业的贡献、利益、责任和权利；维护创业团队和项目稳定，确保创业团队对公司控制权的把握；清晰、稳定的股权结构有助于进入任何资本市场。理想情况下，一个德才兼备、行业经验丰富、善于整合资源带领团队的CEO，应该成为公司的核心大股东。同时公司还拥有持股比例在10%与50%之间其他大股东，相互间制衡，不形成一股独大的“一言堂”模式，也不存在大量的小股权干扰股东会决策。对于创业初期的公司而言，由于涉及后期多轮融资，建议创始人占60%~70%的股份，联合创始人占20%左右的股份，员工激励预留不超过20%。

比如阿里巴巴在IPO前后的股权结构（见图3-4、图3-5）。

姓名	IPO 前持股比例（%）	IPO 后持股比例（%）
马云	8.9	7.8
蔡崇信	3.6	3.2
雅虎	22.6	15.56
软银	34.4	32.4
其他	30.5	41.04
总股数	23.64 亿股	25.13 亿股

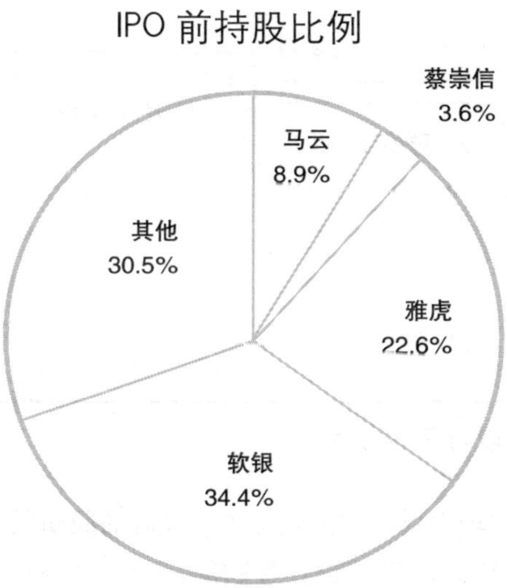

图 3-4　阿里巴巴 IPO 前的股权结构

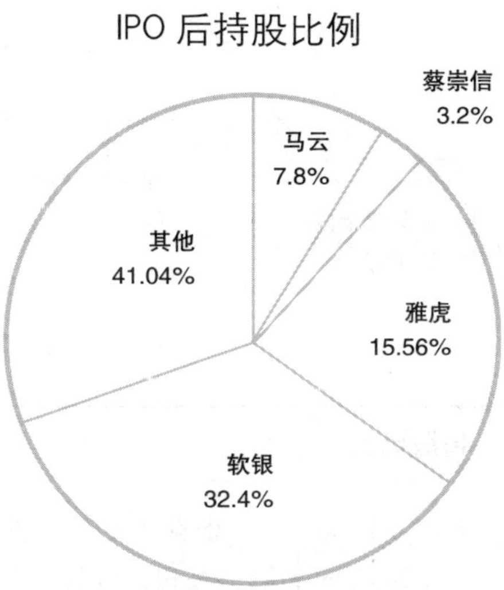

图 3-5　阿里巴巴 IPO 后的股权结构

从上面两个图表不难看出，无论是 IPO 前还是 IPO 后，阿里巴巴都有一个相对控股股东，即软银，同时还拥有其他大股东，如雅虎、以马云为代表的阿里创始团队等，形成对大股东控制权的制约，是一种比较合理的股权结构。

3.2 “四大线”和“四小线”

股东持股比例的多少代表着其所能行使的权利的大小，由此延伸出股权的八条生命线，即“四大线”和“四小线”（见图 3-6、图 3-7）。股权结构设计，必须要明晰这八条线的意义，才能更好地实现股权层面的控制权。

1.“四大线”

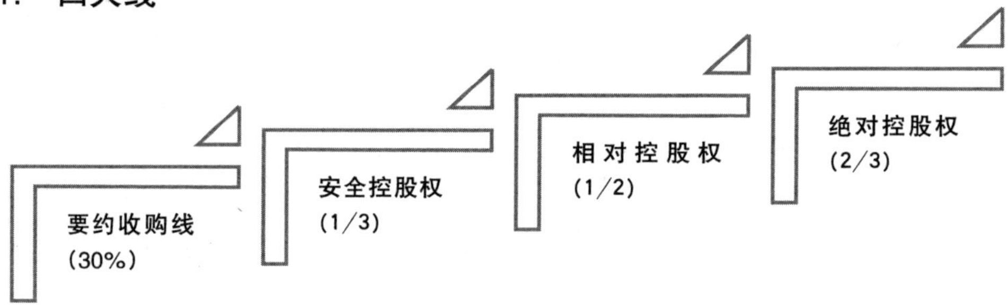

图 3-6　股权的“四大线”

持股比例	可以行使的权利
30%（上市公司要约收购线）	根据《上市公司收购管理办法》：收购人拥有权益的股份达到该公司已发行股份的 30% 时，继续进行收购的，应当依法向该上市公司的股东发出全面要约或者部分要约
1/3（安全控制权）	特别决议中，如果其中一个股东持有超过 1/3 的股权，那么另一方就无法达到 2/3 以上表决权，那么那些涉及公司生死存亡的事宜就无法通过，这样就形成了安全控制权

续表

持股比例	可以行使的权利
1/2（相对控制权）	股东大会作出决议，必须经出席会议的股东所持表决权过半数通过 为公司股东或者实际控制人提供担保的，必须由股东会或者股东大会决议。上述股东或者受实际控制人支配的股东，不得参加此项表决。该项表决由出席会议的其他股东所持表决权的过半数通过 创立大会应有代表股份总数过半数的发起人、认股人出席，方可举行
2/3（绝对控制权）	股东会会议做出修改公司章程、增加或者减少注册资本的决议，以及公司合并、分立、解散或者变更公司形式的决议，必须经代表2/3以上表决权的股东通过 上市公司在一年内购买、出售重大资产或者担保金额超过公司资产总额30%的，应当由股东大会做出决议，并经出席会议的股东所持表决权的2/3以上通过 公司营业期限届满或解散事由出现，修改公司章程使公司存续

2.“四小线”

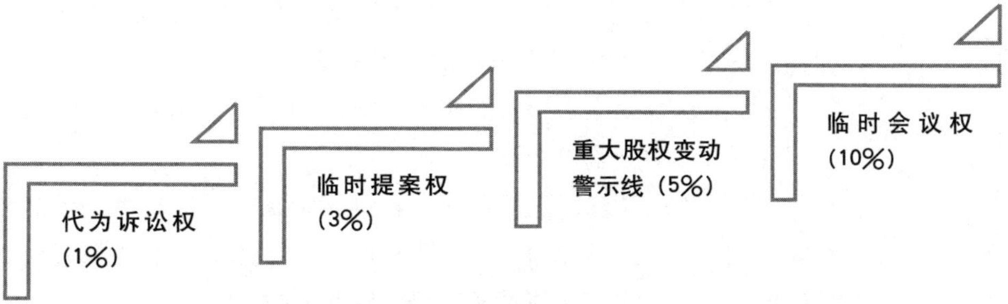

图3-7　股权的“五小线”

持股比例	可以行使的权利
1%（代为诉讼权）	董事、监事、高级管理人员执行公司职务时违反法律、行政法规或者公司章程的规定，给公司造成损失的，有限责任公司的股东、股份有限公司连续180日以上单独或者合计持有公司1%以上股份的股东，可以书面请求监事会或者不设监事会的有限责任公司的监事向人民法院提起诉讼
3%（临时提案权）	单独或者合计持有公司3%以上股份的股东，可以在股东大会召开10日前提出临时提案并书面提交董事会
5%（重大股权变动警示线）	持有公司5%以上股份的股东或者实际控制人，其持有股份或者控制公司的情况发生较大变化，投资者尚未得知时，上市公司应当立即将有关该重大事件的情况向国务院证券监督管理机构和证券交易所报送临时报告，并予公告
10%（临时会议权）	有限责任公司股东会会议由董事会召集，董事长主持；董事会或者执行董事不能履行或者不履行召集股东会会议职责的，由监事会或者不设监事会的公司的监事召集和主持；监事会或者监事不召集和主持的，代表1/10以上表决权的股东可以自行召集和主持 有限责任公司股东会临时会议可以由代表1/10以上表决权的股东提议召开 股份有限公司股东大会会议由董事会召集，董事长主持；董事会不能履行或者不履行召集股东大会会议职责的，监事会应当及时召集和主持；监事会不召集和主持的，连续90日以上单独或者合计持有公司10%以上股份的股东可以自行召集和主持 代表1/10以上表决权的股东、1/3以上董事或者监事会，可以提议召开董事会临时会议 公司经营管理发生严重困难，继续存续会使股东利益受到重大损失，通过其他途径不能解决的，持有公司全部股东表决权10%以上的股东，可以请求人民法院解散公司

如果单从股权比例考虑，只要股东的持股数量达到一定条件，上述这些权利的大门便会向你敞开，股东只须运用好手中的“重兵”，便能更好地去影响公司，更好地保护自己，让股东利益得以实现。

3.3 贡献估值法防止合伙人翻脸

合伙创业，有的提供资金，有的提供场地，有的提供技术能力，有的提供销售渠道，有的提供融资资源，如果不能合理分配股权，科学设计股权结构，将为创业埋下不满的情绪，导致股权纠纷。不妨采用贡献估值法，考虑公司的发展方向、经营状况、股权的“四大线”和“四小线”、融资需求以及出资人价值、投资额、收益兑现等因素，将每个合伙人的贡献量化，予以分配相应股份，并经过沟通、调整后搭建出股权架构。

例如，考虑创意想法、技术贡献、资金贡献、渠道贡献、商业计划书、资产贡献等要素，评估各个要素的价值和各合伙人的相对贡献，将每个要素的权重设为 0 分到 10 分（见表 3-1），根据对企业的重要程度，给予不同的评分。比如广告传媒公司，对创意的依赖性大，那创意的重要性可能是 7 分到 8 分；一家制造企业，可能更依赖于资产，那资产贡献的权重可能是 3 分到 8 分。

表 3-1　各要素评估表

要素	权重
创意想法	
技术贡献	
渠道贡献	
商业计划书	
资产贡献	

接下来，各个创始人都可以基于这些要素来评估其贡献（见表3-2），谁投入的启动资金，谁提出的创业想法，谁制定的商业计划书，谁有较强的专业知识，谁提供的办公资产，谁有行业人脉，谁负责融资，谁负责把产品推向市场。分值依然在0到10之间。

表3-2 创始人贡献评估表

要素	合伙人A	合伙人B	合伙人C	合伙人D
创意想法				
技术贡献				
渠道贡献				
商业计划书				
资产贡献				

然后，我们根据合伙人股权计算公式来分析如何分配股权。经过一定标准评估后，各创始人贡献和各要素权重如下（见表3-3）。

表3-3 各合伙人贡献和各要素权重评估

要素	权重	合伙人A	合伙人B	合伙人C	合伙人D
创意想法	7	6	3	5	0
技术贡献	5	5	5	0	0
渠道贡献	4	1	0	1	3
商业计划书	3	0	2	2	0
资产贡献	4	0	2	0	5

我们把每个创始人在要素上贡献程度的分数，与该要素的重要性程度分数相乘，计算出加权分数（见表3-4）。再把每个创始人的数字加起来，概括出总数，然后判定相对百分比。最后，进行一次合理性检查，判断一下这个百分比是否符合实际中的逻辑，并相应地对它们进行调整。

表3–4 合伙团队股权分配方法

要素	合伙人A	合伙人B	合伙人C	合伙人D	
创意想法	42	21	35	0	
技术贡献	25	25	0	0	
渠道贡献	4	0	4	12	
商业计划书	0	6	6	0	
资产贡献	0	8	0	20	
分数合计	71	60	45	32	合计：208
股权比例	34%	29%	22%	15%	合计：100%

这是第一轮股权分配，在此基础上考虑召集人、信誉资产、各创始人承担的责任大小等因素，以及为投资者进入和未来的股权激励预留空间等，再进行适当调整，使股权分配更加合理，但要注意的是必须有一个核心大股东作为决策中心。

3.4 股权设计四大规律：纵、横、动、静

股权设计是老股东、创始人、经营团队、新投资者利益关系、控制权关系不断调整重塑的过程。对于创业企业而言，要想使企业走上良性、健康的发展道路，就要从专业、理性的角度来合理安排股权结构（见图3-8），同时匹配恰当的公司治理机制，避免公司在不断发展的过程中因创始团队股份被稀释、被摊薄而丢掉对企业的控制权，甚至被迫出局。

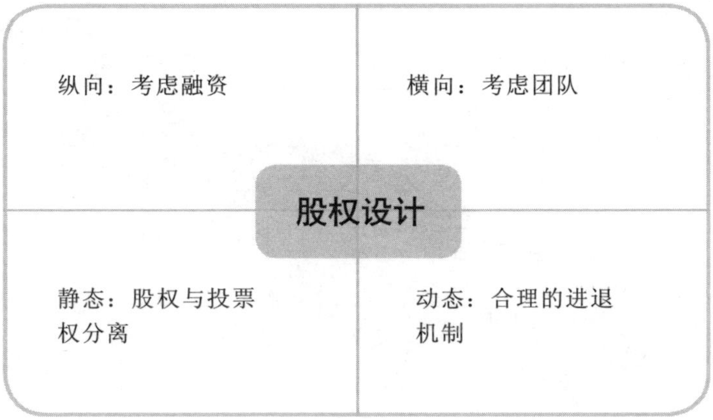

图3-8　股权设计规律

3.4.1 纵：纵向考虑多轮股权融资

融资对于企业，好比如影随形的雨露，不论是基于初创项目“发芽”的“孵化”需求，还是发展过程中“开枝散叶”的“成长”需求，融资都是一家

企业从嫩苗成长为大树的强劲助力，也是股权设计的纵向考虑。但频繁“浇水”也会损害根基。近年来，我们看到1号店创始人于刚、刘峻岭，雷士照明创始人吴长江，汽车之家创始人秦致都在与资本博弈中被迫离开……

融资是解决企业发展过程中资金能力不足的手段，但如果不能缜密地考虑融资对股权结构的影响，仅仅把融资当成是股权换资金的游戏，不惜以极高的股权成本、频繁供股获得融资，很有可能在资本的海洋里“翻船”。

因此，创业企业在设计股权时要考虑到未来多轮融资对股权结构的影响，对创始团队控制权的稀释。

一家企业从初创到上市，一般会经历五轮融资：天使轮→A轮（通常不止一轮）→B轮（通常不止一轮）→Pre-IPO融资→IPO（见图3-9）。因为资本进入、员工持股、股权激励等因素，初始经营团队的股权比例会随着公司规模的扩大而逐步下降，而资本方的股权比例在逐步增加，由此导致控制权力下降。

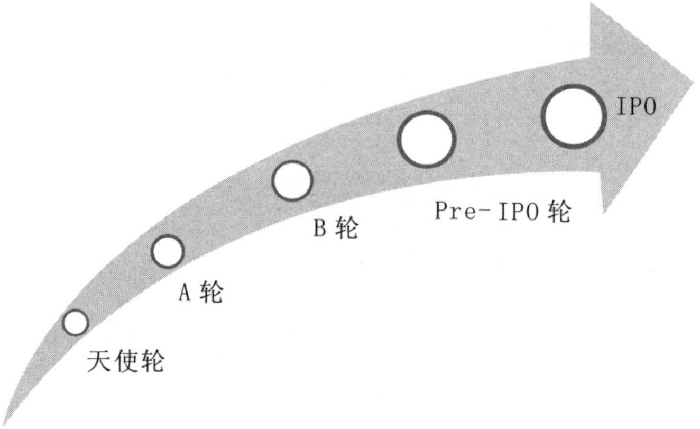

图3-9　企业从初创到上市的融资轮次

比如，京东自2007年以来进行了多轮股权融资，先后引进今日资本、高瓴资本、美国老虎基金、DST全球基金、红杉资本、腾讯、沙特王国等股权投资机构，募资额总计达数亿美元，每一轮融资，都伴随着股权结构的变化及创始团队持股比例的下降，见表3-5。

表 3–5　京东股权结构变化

股东	2007 年（%）	2011 年（%）	2014 年上市前（%）	2014 年上市后（%）
刘强东团队	70	34.4	23	20
老虎基金		22.1	22	16
腾讯			17	18
高瓴资本		15.8	16	11
俄罗斯 DST		11.2	11	8
今日资本	30	9.5	9	7.8
沙特王国		5		
红杉资本		2	2	1

从上表可以看出一个完整的股权结构变化轨迹，京东创始团队的持股比例从 70% 到 34.4%，再到 23%、20%，是一个不断下降的过程，也是控制权逐渐缩小的过程，而外围资本方的持股比例和话语权则是一个不断上涨的过程。

因此，公司在设计股权时，要为未来融资做好种种缜密准备，如实行双重股权架构，签署投票权委托协议、一致行动协议，把握融资节奏等，以便在未来股权结构变动时更好地掌握公司走向。

3.4.2 横：横向考虑团队经营

稳定的经营团队对企业的持续发展至关重要，也是股权设计的横向考虑核心。从世界著名企业在创业阶段的股权分配来看，强调创业经营团队的控股权，是留住人才，提高团队凝聚力，增强企业抗风险能力的关键因素。

苹果公司在 1976 年创立时，史蒂夫·乔布斯和斯蒂夫·沃兹尼亚克的持股比例各为 45%，韦恩 10%。百度最初股份的分成三部分：一部分为创始人持有，一部分由风险投资者持有，还有一部分是员工持有的股票期权。其中，团队核心人物李彦宏与徐勇各持股 50% 和 16%，牢牢掌控着公司走向。奇虎 360 创建初期，董事及高管持股占比高达 86.55%，在公司内具有绝对话语权。腾讯在 1999 年到 2002 年间发展初期，马化腾及其团队持股 59.8%，占据绝对控股地位……

这些成功的企业在创业初期无一不是经营团队持大股，外围资本占小股。究其原因，有以下四点：一是因为在初创阶段，创业企业要想生存下去主要依赖于创业团队的贡献，资本方的作用则相对有限；二是在后续融资时，许多资本方在选择项目时，往往会把创始团队的稳定性作为首要的考察要素；三是强调创业团队的控股权，有助于团队成员和企业之间形成利益共同体，消除短期行为，维持企业的长期战略；四是可以调动团队成员把创业当成自己的终生事业，把企业做到极致。

因此，初创企业在股权结构设计中应更多关注经营团队控股权，而不是资本方的控股权设计。一般来说，一个行业中单一投资方的持股原则上不超过 20%，这种设计既是创业团队掌握控制权的需要，也是与资本方共同合作的需要。如果股权结构过于偏向资本方控股，创业团队就难以规避为资本方“打工”的定位，也不可能真正全身心投入到创业当中，将影响公司的持续发展；而资本方不可能像创始团队那般了解企业经营，如果他们掌握企业控制权，有可能在公司的发展方向、战略、运用模式等重大决策上做出错误决定。

3.4.3 静：股权与投票权适度分离

公司的重大事项通常是基于股权由股东会投票决定，如章程修改、董事任命、投融资战略等，如果能掌握多数投票权，将有利于控制股东会决策，进而控制公司。传统做法是将股权与投票权联系起来，有多少股权就有多少投票权。但新股权设计采取了静的做法，将股权与投票权分离。静就是指股权相对于投票权的一种状态。股权与投票权分离，较常采用的是 AB 股制度，在股权结构设计时就将股权与投票权分离，可以少拥有股权，但争取尽可能多的投票权，可以有效保障创始团队在企业中的话语权。

采用 AB 股制度，在股权结构设计时把股权与投票权分离，可以有效保障创始团队在企业中的话语权。

AB 股制度也称双重股权架构或二元股权结构，即将公司股份分为 A、B 两个系列，针对普通投资者发行低投票权的 A 股，针对公司管理层发行高投票权 B 股（通常为 10 倍投票权）。这种同股不同权的设计模式可以保证创始人即便拿到很少的股份，但是因为每股具有 2 ～ 10 票的投票权，依然能够获得足够的话语权来控制公司。

例如，根据京东集团递交给美国 SEC 的文件显示，截止到 2016 年 2 月 29 日，京东集团一共拥有 2 767 893 260 股，其中，A 类普通股为 2 291 244 137 股，B 类普通股为 476 649 123 股。京东集团 CEO 刘强东通过两家控股公司 MaxSmartLimited 和 FortuneRisingHoldingsLimited 持有京东 18.2% 股份。但因为京东实行 AB 股制度，刘强东持有的是 B 类股份，每股代表 20 份投票权，其他股东包括腾讯、老虎基金、高领资本、DST 基金、今日资本、沙特王国投资、红杉等 PE 机构均持有的是京东 A 类普通股，每股只能代表一个投票权，按照数学公式计算：18.2×20/（18.2×20+81.8×1），刘强东仍然拥有高达 82% 的投票权，确保在股东会重大决议上有绝对的话语权（见图 3-10）。

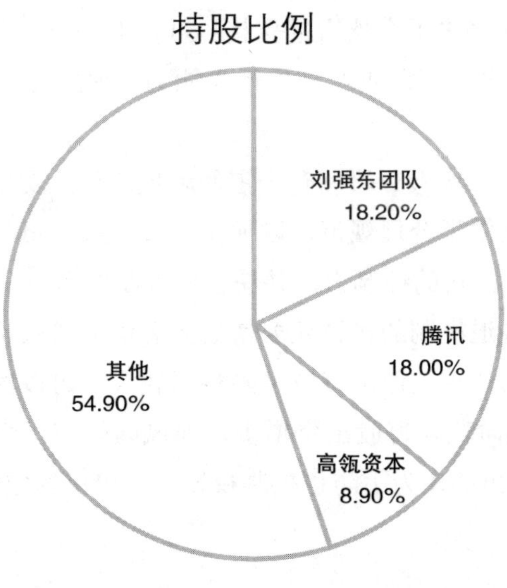

图 3-10　截止到 2016 年 2 月 29 日京东股权结构

对于初创公司而言，可以在公司成立时利用公司法“股东之间相互约定的除外”来设计合适的AB股模式，为未来资本方与决策方搭建合理的股权结构，避免因资本的进入而丢掉控制权。

3.4.4 动：建立合理的进退机制

股权设计要能进能退，动是运动，是科学合理的股权进退机制。创业具有高风险、高收益的特点，团队成员、资本方的进与退都与各自的风险承担能力、期望利益回报比例相匹配。比如，责任重的成员、出资多的投资方，享有的股份多，利益多，但承担的风险也大。这就需要在设计股权时，根据公司实际的发展速度、发展规模、资本投入、外部人才资源、个人贡献等因素，在综合考虑的基础上合理安排进退机制，从而达到在确保控制权的前提下，充分利用社会资源，实现公司可持续发展目的。

阿里巴巴的合伙人制度规定：合伙人必须持有公司一定的股份，并且为阿里巴巴或密切关联公司工作五年以上；必须具有非常正直的人品、对公司发展有积极贡献，以及能传承公司文化或者愿为公司价值观竭尽全力。如符合以下某一情形的，就丧失了合伙人的资格：60岁时自动退休；自己随时选择退休；离开阿里巴巴工作；死亡或者丧失行为能力；被合伙人会议50%以上投票除名。

由于阿里巴巴的合伙人必须拥有一定的阿里股份，实质上，上述规定相当于对股权的进退机制做了合理规范，以便于通过投票、贡献衡量、人品考察等方式保证创始团队对公司的控制力，并使合伙人制度和公司的发展与时俱进。

现实中，股权进退机制的设计还要考虑到公司的成长阶段。简单来说，初始阶段，虽然每股出资少，但出资方风险相对较大，可以约定在退出时给与较高的收益补偿；成熟阶段，每股出资增多，但风险较小，股权退出溢价可以适当降低；对于中途退出的，为了防止控制权转移，可以约定股份回购。

3.5 设计机制，畅通股权进退渠道

股权结构是一个弹性可塑的动态交互模式，需要随着企业的发展，股东的变化，做出实时调整，只有畅通股权的进退机制，才能让其发挥最大价值。

3.5.1 股权进入机制

“泡面吧”是一个在线教育平台，寓意能让用户的学习像泡面一样，更高效、更主动。“泡面吧”自 2012 年成立后就受到了众多资本的青睐，但就在 2014 年签署风险投资协议的前夜，三个创业合伙人因为股权之争而最终决裂。

究其原因，没有落实好股权的进入机制就开干是一个致命因素。“泡面吧”项目启动之初，创始人俞昊然曾与创始团队拟定了一份“君子协定”，详细规定了每个创业成员的职责、股份、期权，以及公司的 5 年规划、决策机制等，并且专门找律师朋友咨询过目，确定没有法律表述问题。

2013 年 5 月 15 日，俞昊然等人开始在这份“君子协定”相继签字。但是，直到纷争爆发，这份看上去很美好的“君子协定”仍未签完。

俞昊然在公司成立之初到成立之后的很长一段时间内，因为要在美国上学，无暇顾及公司事务，也未被告知公司股权结构、注册资本。2014 年 6 月，俞昊然委托律师向工商登记主管部门查询才得知，公司登记成立时，股权结构为：王冲持有 65% 股份，严霁玥持有 10% 股份，自己持有 25% 的股份。

一直以来，俞昊然都认为自己是泡面吧当仁不让的老大，持有公司最大的股权，但看到一切并不是想象中的那样，他感觉自己的主导权被剥夺，开始对合伙人王冲产生怀疑，由此双方争执不休、不肯让步。

“其实当时要把这个签了，可能就不会出现现在这些事情了。”俞昊然有些后悔，可是世上没有后悔药可卖。创业的基础之一是团队和股权结构，事先设计好股权的进退机制并落实在纸面，是化解危机，让企业走得更远的上乘之策。

设计股权进入机制，需要考虑三个问题：那些人能作为公司合伙人，那些人不应该成为公司合伙人，股权如何分配，并且要将最终结果落实到纸面上。

一般来说，一致的愿景、能力互补、对公司发展有帮助是挑选合伙人的首要标准，并且拟引入的新股东要符合公司章程规定或经董事会（股东会）批准，如需稀释原股东股份，要与原股东达成同意转让股份的书面协议；而那些不参与全职创业的单纯的资源承诺者，兼职人员，天使投资人，早期普通员工不建议作为公司的合伙人；股权分配考虑如何利用股权结构保证创始人对公司的控制力，及通过股权分配如何获取更多资源，包括找到有实力的合伙人和投资人。

3.5.2 股权退出机制

有进有退，才能算是一个完整的股权机制。实践中，股权退出主要有三种方式（见图 3-11），公司应在充分沟通的基础上，在协议中做出约定。

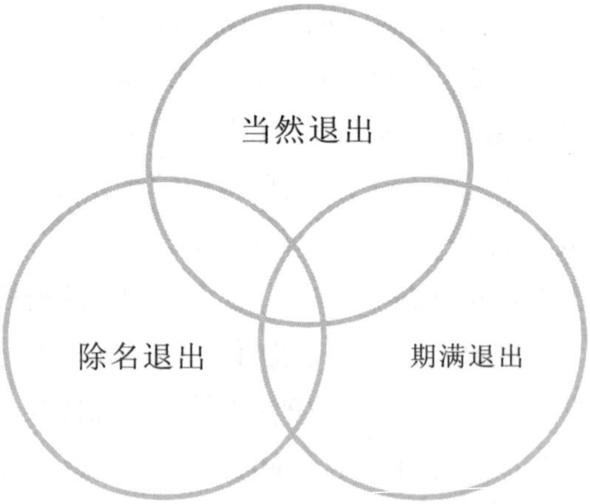

图 3-11　股权退出方式

1. 当然退出

股东如发生以下情形之一，公司可规定以溢价代为回购其持有的股权，并不再发放其当年度的红利：股东丧失劳动能力的；股东死亡、被宣告死亡或被宣告失踪的；股东达到法定或公司规定的退休年龄；作为股东的法人或者其他组织依法被吊销营业执照、责令关闭、撤销，或者宣告破产；股东不能胜任所聘工作岗位，经公司董事会批准取消其股东资格的；由于不可抗力或突发事件，致使本合同在法律或事实上已经无法继续履行，或合同的根本目的已无法实现；其他非因股东过错而终止劳动合同的。

2. 除名退出

股东发生以下情形之一，公司有权自行取消其股东身份，原价回购其股权，并不再发放当年红利，如给公司造成损失的，须向公司进行赔偿：未满合同约定的工作年限主动辞职的；未经公司董事会（或股东会）批准，擅自出售、质押、信托或以其他任何方式处分其持有的股权；严重违反公司规章制度的；严重失职，营私舞弊，给公司造成重大损害的；未经公司董事会（或股东会）批准，自营、与他人合营或为他人经营与公司业务相同或相似的业务的；被依法追究刑事责任的；根据公司考核管理办法，考核年度内累计三次月度考核为岗位不合格或者连续两个月度考核为岗位不合格；股东拒绝服从公司工作安排，经公司董事会批准取消其股东资格的；股东存在其他严重损害公司利益和名誉的行为。

3. 期满退出

如股东在公司持股超过一定期限后当然退出或退休的，考虑到股东对公司的历史贡献及对公司文化建设的影响，公司可按现价回购其股权，如按照当时公司的估值、净资产或最近一轮融资估值对股东手里的股权进行适当溢价回购。

举例说明，股东持有股权满 10 年后主动辞职，公司按上一年度的净资产额回购其持有的股权，并给出两种回购方式供选择：

采用一次性回购方式回购其持有的股权并按上一年度的分红标准支付五年的红利；

采用逐年分批回购方式，每年回购其股权总额的20%，分五年逐年回购其持有的股权，股东并有权根据每次回购时公司上一年度的净利润和其持有的股权数额享受红利分配。但如股东在五年内死亡的，公司将现价回购剩余的股权，红利不再发放。

3.6 章程设计，源头狙击“野蛮人”

公司章程是规范公司治理的基础文件，也是对控制权之争很有“杀伤力”的利剑。很多时候，考虑到未来的股权融资、合伙人激励、员工激励、市场监管等因素，创始人并不能通过股权结构设计掌握绝对控制权，这时候就需要从章程入手，做一些特别约定，构筑狙击“野蛮人”的防线。

2014年阿里巴巴上市时，其招股书中提到“依据公司章程，阿里巴巴集团上市后，阿里巴巴合伙人有权提名阿里巴巴过半数董事（50%以上），提名董事需经股东会投票过半数支持方可生效”。

表面上看，阿里巴巴的合伙人拥有的仅仅是董事的提名权，而非决定权。但是仔细研究阿里巴巴的章程，不难发现其中暗藏玄机。

阿里巴巴合伙人拥有提名简单多数（50%以上）董事会成员候选人的专有权；

被合伙人提名的董事需要得到年度股东大会投票过半数的票数成为董事会成员；

如果阿里巴巴合伙人提名的候选人没有被股东选中，或选中后因任何原因离开董事会，则阿里巴巴合伙人有权指定另一个成为过渡董事填补空缺直到下届年度股东大会召开；

在任何时间，不论任何原因，当董事会成员人数少于阿里巴巴合伙人所提名的简单多数，阿里巴巴合伙人有权指定不足的董事会成员以保证董事会成员中简单多数是由合伙人提名；

在下一届的股东大会上，过渡董事或阿里巴巴合伙人所指定的替代董事候选人将参加原提名的候选人所属的董事类别选举；

如果要修改章程中关于合伙人提名权和相关条款，必须要在股东大会上通过 95% 的到场股东或委托投票；

阿里巴巴和软银、雅虎达成投票协议，软银和雅虎在股东大会上为阿里巴巴所提名的董事投赞成票；

不仅如此，阿里巴巴的章程还阐明：在任何时间，不论任何原因，当董事会成员人数少于阿里巴巴合伙人所提名的简单多数，阿里巴巴合伙人有权指定不足的董事会成员，以保证创始团队对董事会的控制权。

由于董事会是实际参与公司经营的机构，阿里巴巴创始团队虽没有掌握多数股权，但通过在章程中做出这些特殊约定，已经实际控制了公司。

实践中，为了抵御“野蛮人”入侵，常在章程中做出如下约定（见图 3-12）。

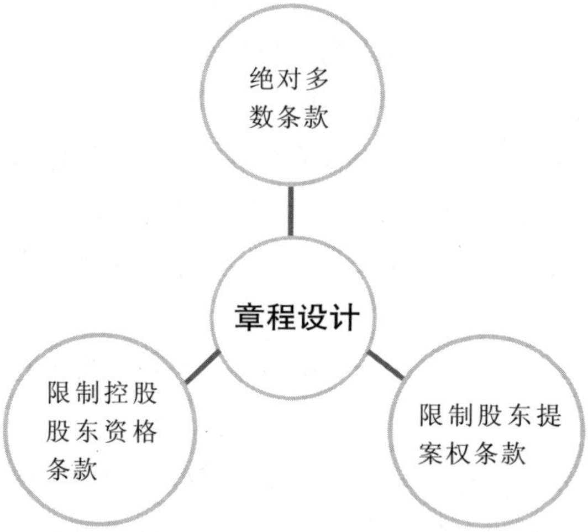

图 3-12 抵御“野蛮人”入侵的章程条款

1. 限制控股股东资格条款

控股股东意味着其表决权足以对股东会、股东大会的决议产生重大影响，进而影响企业的经营决策。限制控股股东资格，也就是提高了“野蛮人”的进入成本，可以使其知难而退，从而维护创始人的控制权。

例如，万科章程规定：持股比例若达到30%则成为公司的控股股东。对于“控股股东”万科给予了明确定义，主要包括四大条件，即相关方单独或者与他人一致行动时，可以选出半数以上的董事；或相关方单独或者与他人一致行动时，可以行使公司30%以上（含30%）的表决权或者可以控制公司的30%以上（含30%）表决权的行使；或相关方单独或者与他人一致行动时，持有公司发行在外30%以上（含30%）的股份；或者相关方单独或者与他人一致行动时，以其他方式在事实上控制公司。

对于体量较大的公司，要达成30%的持股比例，需要耗费巨额资本，这往往成为很多“野蛮人”不可逾越的一道坎。

2.绝对多数条款

绝对多数条款，是指在公司章程中规定，公司进行并购、重大资产转让或者经营管理权的变更时必须取得绝对多数股东同意才能进行，并且对该条款的修改也需要绝对多数的股东同意才能生效，如规定目标公司被并购必须取得2/3、3/4或以上的投票权，甚至高达90%以上。

例如，伊利股份章程规定：下列事项须由出席股东大会的股东（包括股东代理人）所持表决权的3/4以上通过方为有效：（1）本章程的修改；（2）选举和更换非由职工代表担任的董事、监事的议案；（3）在发生公司被恶意收购时，该收购方（包括其关联方或一致行动人）与公司进行的任何交易事项；（4）股东大会审议收购方（包括其关联方或一致行动人）为实施恶意收购而提交的关于购买或出售资产、租入或租出资产、赠与资产、关联交易、对外投资（含委托理财等）、对外担保或抵押、提供财务资助、债权或债务重组、签订管理方面的合同（含委托经营及受托经营）、研究与开发项目转移、签订许可协议等议案。

3.限制股东提案权条款

限制股东提案权条款是指在章程中规定股东必须在取得股份一定时间以后才能行使召集和主持股东会会议的权利、提案权及董事提名权。限制股东提案权能防止收购人在取得公司股份后立即要求改选董事会，有助于维持创始人在董事会层面的控制权。

例如，龙宇燃油章程规定：连续270日以上单独或者合计持有公司10%以上股份的股东可以自行召集和主持股东大会。公司召开股东大会，董事会、监事会以及“连续270日以上”单独或者合计持有公司3%以上股份的股东，有权向公司提出提案。董事会换届或改选董事会时，连续270日以上单独或合并持有公司3%以上（包含3%）10%以下（不包含10%）的股东只能通过以其名义向股东大会提出提案的方式提名一名董事候选人，连续270日以上单独或合并持有公司10%以上（包含10%）的股东只能通过以其名义向股东大会提出提案的方式提名不超过董事会人数的三分之一的董事候选人。

章程中往往还涉及到诸多有关董事会的条款，如分期分级董事会制度、限制董事资格条款、辞退董事必须合理条款，我们在下一章详细阐述。

第4章

股权融资，留下公司绝对话语权

企业在成长、发展、扩张的过程中，需要不断融资。天使、A轮、B轮、C轮，甚至D轮，每一轮都是以稀释创始人的股权为代价换取企业的输血增值。不断融资意味着创始人在公司上市之时，可能已经沦为小股东，甚至已经丧失了话语权。因此，如何在融资的过程中避免控制权旁落，是一个特别值得关注的问题。

4.1 股权融资的底线是保持公司的话语权

2017 年 1 月，一直被债务纠纷困扰的乐视终于敲定了一笔融资，总金额 168 亿元，投资商包括融创中国、华夏人寿等机构。其中，融创中国耗资 150.4 亿元，通过旗下公司收购乐视网 8.61% 股权，乐视影业 15% 股权，乐视致新 33.5% 股权。

为什么在众多投资商中选择融创中国？有消息称：在与各大巨头谈判的过程中，有的投资方提出的条件非常苛刻，甚至“趁火打劫”，包括让贾跃亭交出管理权“靠边站”，以及以非上市公司体系资产上市等进行业绩对赌，其中的很多条款突破了贾跃亭的谈判底线——保持对乐视的控制权。

相对而言，融创中国的孙宏斌给贾跃亭开出的条款最宽松：不参与乐视方面的管理，也没有业绩对赌，保持贾跃亭对公司的话语权。

自然，融创中国成为乐视此次融资的“座上嘉宾”。

为什么股权融资的底线是保持对公司的话语权？让我们来从融资历程探究本质。

企业的发展离不开资金的注入，股权时代，通过出让股权获得资金是企业惯用的融资手段。而这个过程，其实就是新股东加入，创始人股权被不断稀释的过程。

我们举一个简单的例子来说明。

假设甲、乙两人共同投资设立了企业 A，两人的出资比例为 6:4，此时股份比例结构见图 4-1。

经过一年的发展，企业逐步走上了正规，开始呈现出良性的发展趋势。此时，甲乙两人认为要想继续发展，必须要扩大规模，加强运营。考虑到企业内部资金短缺，甲乙两人也没有办法再投入资金，于是通过熟人找到了在做天使投资的 A 先生，A 先生对企业的项目很感兴趣。经过评估、调研，双方一致认为企业价值 80 万元，A 先生愿意再投入 20 万元。

此时，企业的股权结构变为（见图 4-2）：

天使投资人 A 先生的股份为：20/（80+20）=20%

甲所占的股份为：60×（1-20%）=48%

乙所占的股份为：40×（1-20%）=32%

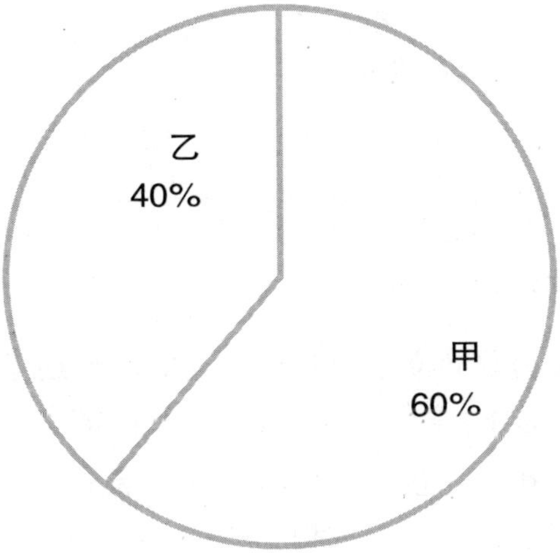

图 4-1　企业初始的股权比例

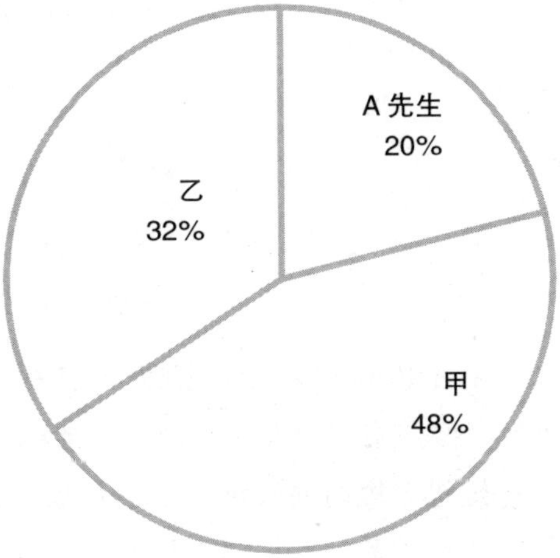

图 4-2　引入天使投资人后的股权结构

引入天使投资人后，甲乙双方的股权比例分别从 60% 和 40% 下降到 48% 和 32%。

考虑到股权激励对企业的正向效应，A 先生又提出在投资前甲乙两人需要先拿出 20% 股份，创立股权池，然后自己再入股。

于是，创立股权池后，公司股权结构变为（见图 4-3）：

天使投资人 A 先生：20%

甲：48×（1-20%）=38.4%

乙：32×（1-20%）=25.6%

股权池：20×（1-20%）=16%

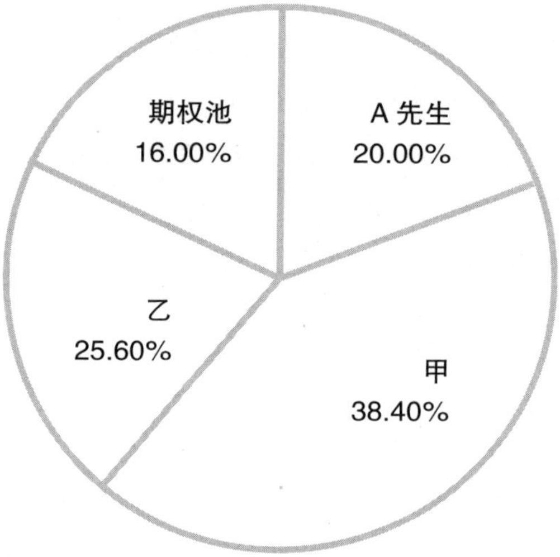

图 4-3　设立期权池后的股权结构

从上图可以看出，因为天使投资人提前建立了股权池，他的股份还是20%，但是甲乙两人的股份已经被稀释到 38.4% 和 25.6%，合计减少了 36%。

经过一段时间发展，公司规模进一步壮大，用户量级提升，商业模式的可行性也已被验证，但是在资金上又遇到发展瓶颈。这个时候，甲乙两人开始考虑 A 轮融资。这里不考虑估值具体数值，只以 A 轮投资人决定投资当前估值的 1/8，即占总比例的 1/10 来说。

此时，股权结构变为（见图 4-4）：

A 轮投资人：10%

甲：38.4×（1-10%）=34.56%

乙：25.6×（1-10%）=23.04%

股权池：16×（1-10%）=14.4%

天使投资人：20×（1-10%）=18%

继续发展，B 轮来了。如果前述天使轮和 A 轮的投资人决定继续投资10%，在不考虑股份被稀释的情况下问题比较简单，按照 A 轮的计算方式，很容易计算出具体情况如下（见图 4-5）：

B 轮投资人：10%

甲：34.56×（1-10%）=31.1%

乙：23.04×（1-10%）=20.74%

股权池：14.4×（1-10%）=12.96%

天使投资人：18×（1-10%）=16.2%

A 轮投资人：10×（1-10%）=9%

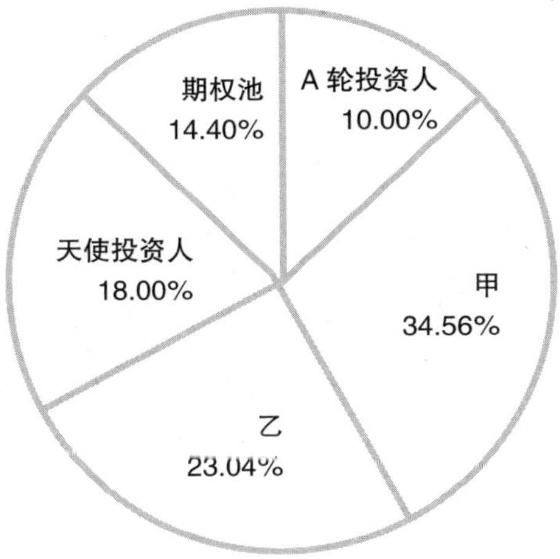

图 4-4　A 轮后的股权结构

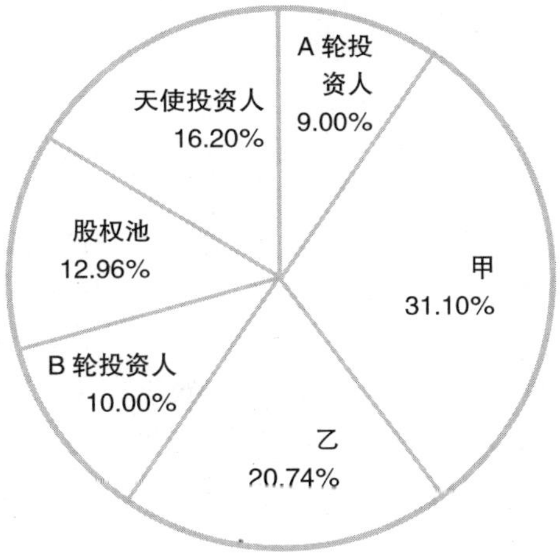

图 4-5　不考虑股份稀释，B 轮后的股权结构

在 B 轮融资时，考虑到估值增长，股份被稀释，前几轮的投资人往往会通过签署反稀释条款，保证股权比例。

这种情况下，问题稍微复杂些，具体为（见图 4-6）：

B 轮投资人：10%（维持不变）

A 轮投资人：10%（维持不变）

甲股份：甲原有股份 /（甲股份 + 乙股份 + 股权池 + 天使投资人）×（1-A 轮投资人 -B 轮投资人）=34.56/（34.56+23.04+14.4+18）×（1-10%-10%）=30.72%

乙股份：乙原有股份 /（甲股份 + 乙股份 + 股权池 + 天使投资人）×（1-A 轮投资人 -B 轮投资人）=23.04/（34.56+23.04+14.4+18）×（1-10%-10%）=20.48%

股权池：股权池原有股份 /（甲股份 + 乙股份 + 股权池 + 天使投资人）×（1-A 轮投资人 -B 轮投资人）=14.4/（34.56+23.04+14.4+18）×（1-10%-10%）=12.8%

天使投资人：天使投资人原有股份 /（甲股份 + 乙股份 + 股权池 + 天使投资人）×（1-A 轮投资人 -B 轮投资人）=18/（34.56+23.04+14.4+18）×（1-10%-10%）=16%

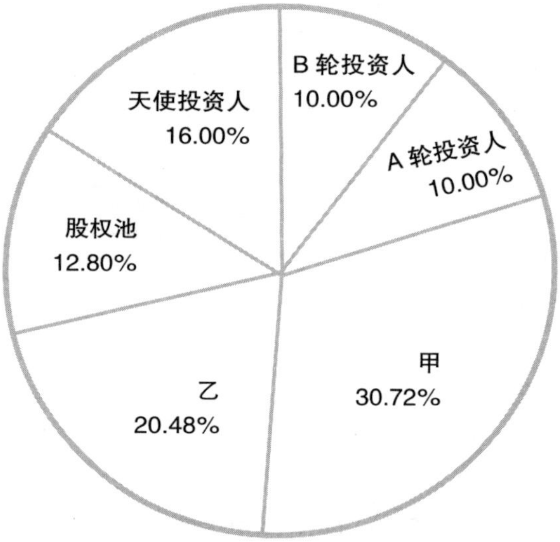

图 4-6　考虑股份稀释，B 轮后的股权结构

经过 B 轮融资，公司得到了跨越式发展，迎来了 C 轮融资，C 轮投资人也要求占股 10%，大家继续稀释股份，股权结构如下（见图 4-7）：

C 轮投资人：10%

甲股份：30.72×（1-10%）=27.65%

乙股份：20.48×（1-10%）=18.43%

股权池：12.8×（1-10%）=11.52%

天使投资人：16×（1-10%）=14.4%

A 轮投资人：10×（1-10%）=9%

B 轮投资人：10×（1-10%）=9%

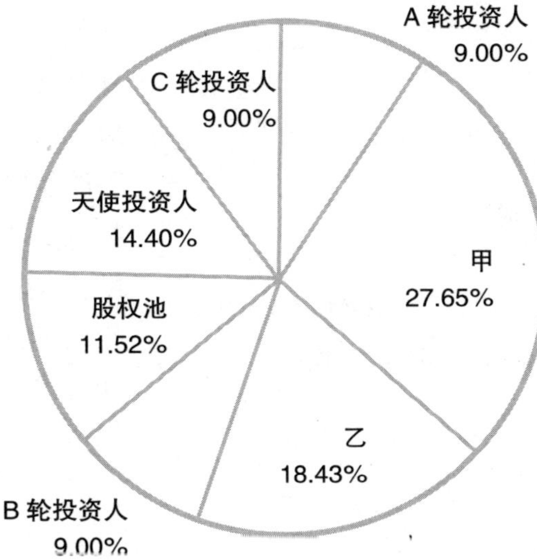

图 4-7　C 轮后的股权结构

C 轮融资后，企业发展如日中天，很快就 IPO 了，大家决定拿出来 10% 的股份上市。这时候，大家所持股份变为（见图 4-8）：

C 轮投资人：9%

甲股份：27.65×（1-10%）=24.88%

乙股份：18.43×（1-10%）=16.59%

股权池：11.52×（1-10%）=10.37%

天使投资人：14.4×（1-10%）=12.96%

A 轮投资人：9×（1-10%）=8.1%

B 轮投资人：9×（1-10%）=8.1%

IPO 预留股份：10%

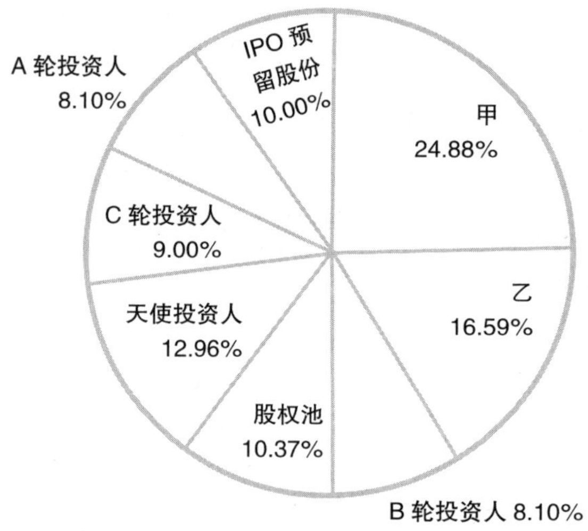

图 4-8　IPO 后的股权结构

不考虑股份稀释，整个融资过程中，我们看到甲乙双方的持股比例呈下降趋势（见图 4-9），即使每次都只拿出 10% 的股份给投资人，最后甲也仅仅持有 24.88% 的股份。在实际融资过程中，投资者所要求股份很可能会超过 10%，如果不能掌握控制权维护策略、把握融资节奏及股权出让比例，经过这样多轮融资后，创始人的股份甚至会被稀释到 10% 以下，控制权岌岌可危。

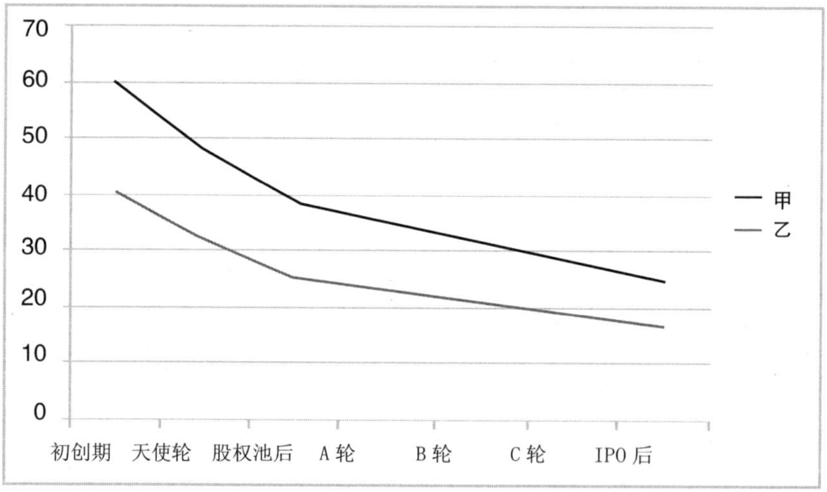

图 4-9　融资中甲乙双方股权下降曲线

诚然，股权融资是一种较为便捷和可行的获取资金的方式，但如果不能把握融资的底线，在融资过程中失去对企业的话语权及实际掌控能力，无疑会为以后企业控制权“易主”、创始人出局埋下伏笔。

4.2 走好股权融资的关键五步棋

股权融资要走好关键五步棋（见图 4-10）。

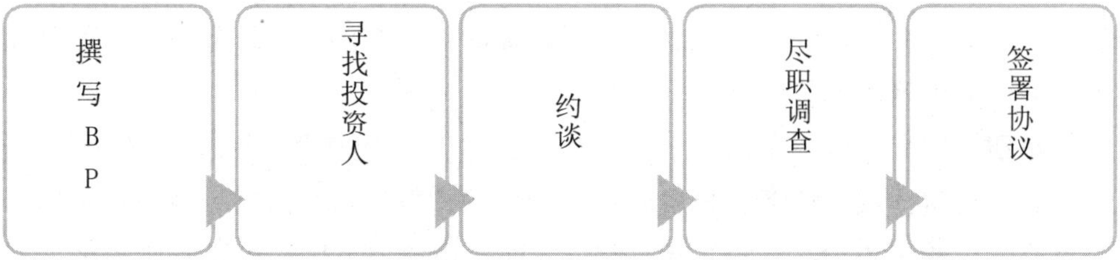

图 4-10　融资流程

第一步，撰写 BP。

商业计划书（BP）是融资路上的“敲门砖”，用于应对各路投资人。一份出彩的商业计划书，可能让你获得投资者的关注，提高融资成功率。因此，千万不要轻视 BP 的撰写。

商业计划书的撰写，我们在下一节做重点阐述，本处不再赘述。

第二步，寻找投资人。

可以通过网络搜索、熟人介绍、商业孵化机构、被投资企业、天使联盟、投资俱乐部、参加风投界见面会、进行融资路演等方式寻找投资人。总之，用各种方法寻找你的“财神爷”。

比如，多接触金融、知识产权领域的律师，他们往往会帮助投资人投资的公司处理一些法律事务，而且也是投资人早期项目的重要来源之一。或者参加一些专业的投资展会，借机认识投资者。或者和拿到投资的公司多接触，学习他们的融资经验，从这些公司的情况了解投资人的投资偏好、投资额度等情况，看看自己的项目是否符合投资人的要求，获得被引荐的机会。或者参加融资路演。路演是目前国际上广泛采用的项目推广方式，进行融资路演，将有机会一次接触许多投资人，可以节省大量成本。同时，路演活动可以让你接触到其他行业的创业者，也是一个寻找合作方的不错渠道。但应该注意的是，不是所有路演都要去，事先关注到场的投资机构及投资人名单，向合适的对象展示你的项目，如果你是智能硬件，就别去游戏专场凑热闹。另外，很多财经媒体也是有力的举荐人，不妨多接触一些财经记者，撰稿人等。

第三步，约谈。

对有意向的投资商进行过滤、筛选，选出几家最合适的，安排创始人与投资人面对面会谈，让投资人进一步了解你的项目和团队、运作方式、盈利能力、融资需求等，并签署意向投资协议。

第四步，尽职调查。

意向投资协议签订后，投资者在中介机构的配合下，进驻企业进行实地尽职调查。尽职调查包含三个方面：财务方面，由投资方聘请的会计师事务所对企业的历史财务数据进行调查分析；法律方面，由投资方聘请的律师事务所对企业的法律文件、注册文件、许可证及营业执照、重大合同等进行核实；业务方面，由投资方的人员对企业的经营、市场战略和未来商业计划进行分析。

第五步，签署协议。

尽职调查后如果投资人依然有意，就进入到具体投资细节谈判中，双方就股权出让比例、融资金额、排他性条款、估值差异、交易费用、交易结构等展开谈判，并签署最终投资合同。这个阶段可能存在很多会使控制权旁落的“陷阱”，如强卖权、反稀释条款、管理层对赌条款等，建议创业者聘请律师，仔细检查条款，统筹规划股权出让比例，三思而后行。

4.3 用商业计划书“砸”开融资大门

商业技术书（BusinessPlan），简称 BP，是“砸”开融资大门的敲门砖，也是打通公司与投资机构的重要载体。一份庄重、简洁、高质量的商业计划书，往往能给创业者带来意想不到的融资机遇。

但现实中，一个投资者每年都会收到几千份 BP，如果把重复的去掉，最少也要看过两千多份。如何从这些堆积如山的商业计划书中脱颖而出，需要既把握要点又突出亮点，把篇幅压缩在 10 页到 15 页之间。

市场空间、商业模式、增长速度、团队介绍、产品竞争力、投资风险是投资者着重关注的几点，因此，商业计划书也应该有针对性列出这几项（见表 4-1）。

表 4-1　商业计划书要点

序号	提纲	关键词	内容	建议页数
1	公司及项目介绍	痛点、解决办法	用图形、图片、数据描述你要做的事情，解决了什么痛点，已经取得了什么样的效果	2～3P
2	产品及服务	需求、价值	简单明了地向投资商展示你提供的产品及服务（形态）是什么？针对的目标客户有哪些主要的特征？产品或服务解决用户的核心需求是什么？产品或服务具有哪些核心价值？边际成本多少	1～2P

续表

序号	提纲	关键词	内容	建议页数
3	商业模式	盈利模式、定价方式、销售和渠道、核心业务流程	简单明了地向投资商展示你提供的产品及服务如何盈利？如何制作与销售？拥有那些核心业务流程	1～2P
4	市场及竞争分析	市场份额、竞争对手、差异化、竞争壁垒	从目前未被满足的痛点需求出发，分析目标市场及目标客户的核心需求，用正面的、积极的词语来描述公司的竞争优势，如在当前市场的占有率，竞争对手情况，进入新行业的优势	1～2P
5	发展规划	阶段战略目标	产品如何推广，公司如何扩张，打算用多少时间做到什么样的业绩，希望占有多少的市场份额，能给投资者带来多少回报	1P
6	团队介绍	经验、资源、能力、股权结构	创始团队的从业背景、市场资源、技术实力、业务担当，企业治理结构，股权分配。不要用一些标准的套话，比如“CEO有8年的互联网、新媒体运营管理经验”之类的，而是要具体到“CTO曾在Intel公司从事3年数据存储方面的研究”	1～2P
7	财务规划	盈亏平衡点、股权出让比例	用数据、图表展示企业的盈亏平衡点，当下的营收势头，突出业务增长率，让投资者看到你是一只“潜力股”；拟向投资方出让的股权比例及计算依据，需要匹配的融资规模	1～2P

续表

序号	提纲	关键词	内容	建议页数
8	风险及控制措施	风险、控制措施	针对项目风险阐述防范措施，展现出对融资项目的把控力度和信心	1P

实际编制过程中，要避免以下事项（见图 4-11）。

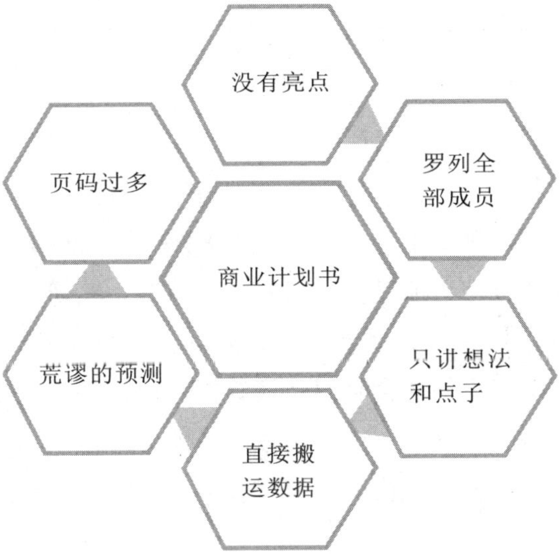

图 4-11　商业计划书编制的禁忌

1. 页码过多

商业计划书不要写得太长，最好控制在 15 页以内，将关键词和项目亮点提出。多用图表和数据展示如用户数、市场份额、日新增、PV/UV、DAU、留存率、用户停留时长、使用频率、竞品情况、未来发展空间、利润增长率等内容，少用一些描述性语言和带有感情色彩的句子，尽量不要用 WORD 展示，也不要在 PPT 中加入过多浪费时间的播放动画。

2. 荒谬的预测

很多商业计划书一开头就是大话连篇，从宏观经济说到世界形势；或者进行诸多预测，如声称公司很快将达到35%的营运利润率和100%的资本回报率，或者预计明年收入100万元，后年收入1000万元，第三年上市，成为下一个阿里巴巴等等。其实，这些都是不切实际的预测，这样的计划书是不足取信的。只有带着现实和保守的态度，你的计划书才能被认真对待。

而对于初创公司来说，除了要杜绝不切实际的预测，还要避免过长的规划。很多时候，市场的变化远远大于你的预想，你根本想不到未来会遇到什么困难，所以太长的规划，如三年以上都是没有太大意义的，建议在具体业务上只做半年到一年的规划。

3. 直接搬运数据

引用数据在商业计划书中非常常见，但80%以上的BP都是直接粘贴行业报告。要知道，行业报告一般是用于研判大趋势的，其研究粒度比较粗糙，而创业往往是从细分市场切入，报告里的数据可以说跟细分业务没有太大关系。另外，行业报告的图表里往往会有很多横纵向对比，其中很多信息都是没有用的。除非这个行业很新，除非这些市场概述是属于您自己的见解和分析，否则直接搬运易观、艾瑞等咨询机构的数据，反而是画蛇添足，让投资者对你融资的诚意产生怀疑。

4. 只讲创意和想法

创意和想法固然重要，但更重要是解决方法。因为想法只有被付诸实践并带来利益，才能被证明是有价值的。而且很多情况下，创意往往一个人想到的时候，还有其他很多人也都想到了。怎么实现创意才是最重要的，切忌喧宾夺主。

5. 罗列全部团队成员

很多创业公司认为自己的团队组合很有“杀伤力”，就把全部成员介绍都放上去。其实，投资人往往只关心那些有股份的、最为核心的三四个人，关心你的创始人团队能力是否与业务需求匹配。所以团队介绍要重点突出，避免事无巨细地罗列和吹嘘。多用一些成功的项目或历史业绩事实来证明团队的优秀，而不是简单地贴上类似“BAT 核心业务骨干”“五百强企业运营经营”“亿级事业部总经理”“三次连续创业者”等等的标签。

6. 没有亮点

覆盖范围太大的计划书和试图同时做太多事情的公司是无法吸引投资者的。很多时候专注于一两点，更能说明你的底气很足，说明你能把握好关键点。优秀的商业计划书通篇最少要有三个亮点，这里的亮点可能包括：市场规模、市场增长率以及市场政策红利等；核心团队中有名企、名校、连续创业者，或者有特别与项目需求匹配的能力等；业务针对后进入者有壁垒，针对同期进入者有竞争力；已开展的业务数据呈快速上升趋势；上轮投资人是知名个人或者知名机构等等。

不同融资阶段的项目，BP 的侧重点是不同的。一般来说，种子期的项目处于 0 到 1 之间，BP 最重要的是把“我在做什么”这件事情讲清楚，可以适当“画饼”。A 轮，最重要的是告诉投资人“我的项目已被证实有市场价值，有发展潜力，需要用钱获得更多的用户。这个时候最有说服力的就是漂亮的财务增长数据。B 轮，“万事俱备只欠东风”的阶段，这时候用户已足够多，项目大结构已基本稳定，最主要的就是告诉投资人“我已经具备变现能力，只需要融资来驱动商业模式”，让投资人对自己投资的回报有信心。但无论哪个阶段，控制权不旁落是底线。

4.4 尽职调查，让投资者了解股权价值

尽职调查，是指投资者在中介机构的配合下，对企业的历史数据和文档、管理人员的背景、市场风险、管理风险、技术风险和资金风险做全面深入的审核，是签订最终投资协议之前一个必经环节。对企业而言，这又是一个让投资者了解企业股权价值的过程。

尽职调查包括法律方面的尽职调查、财务方面尽职调查和业务方面尽职调查（见图 4-12），企业有必要清晰各要点，才能配合投资方顺利完成这个环节，为成功融资打下基础（见表 4-2）。

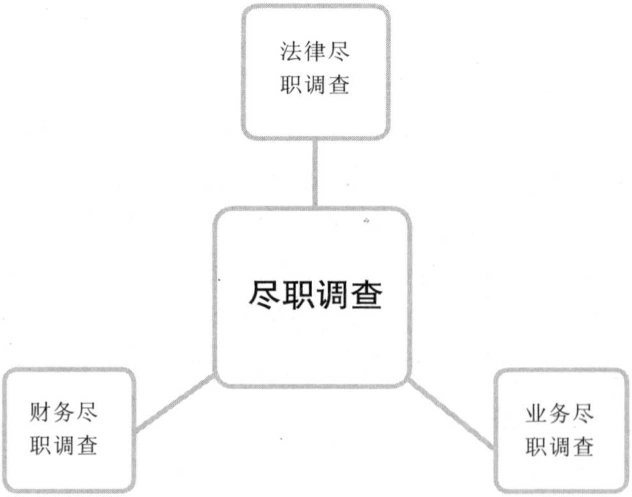

图 4-12　尽职调查的三个方面

表 4-2 尽职调查要点

法律尽职调查要点	公司主体	关注公司成立情况、注册登记情况、股东情况、注册资本缴纳情况、年审情况、公司的变更情况、有无被吊销或注销等情况
	公司的董事会决议、股东大会决议、纪要等	关注公司有关的董事会与股东大会决议是否依法作出，有无达到法定的或章程中规定的同意票数，投票权是否有效等，以确保程序上无瑕疵
	公司资产	关注公司的土地及房产设备等有形资产：调查土地房产的用途如何、能不能转让、使用权或所有权期限多久、权利是否完整受限、有无瑕疵、有无可能影响该权利的事件，如政府征用、强制搬迁等在短期内发生，取得该权利时的对价是否已付清，有关权利的证书是否已取得，有无出租或抵押，出租或抵押的条件如何等等；调查机械设备的来源、性质、转让限制和有关转让手续的办理
	知识产权	关注公司拥有的知识产权存在的形式及风险，有无侵权诉讼
	关键合同与合同承诺	关注公司控制权变化对关键合同的影响，特别注意贷款合同、抵押合同、担保合同、代理合同、特许权使用合同中是否有在目标公司控制权发生变化时，需要提前履行支付义务，或终止使用权或相关权利等的规定，以防使并购人丧失某些预期利益或权利

续表

	公司的职工安置	关注公司所提供的福利水平以及终止合同前所需要的通知时间以及可能的赔偿
	公司的债权债务情况	关注公司潜在的债务和已有的债务。包括有无欠缴税款、和公司有关的税收政策国家是否有调整性、优惠性规定等，以避免因承担补税和罚款而增大的负担；对环保进行调查，了解公司对有关环保许可证和许可的遵守、有毒危险物质对场地和地下水的污染等，环保部门有无发出整改制裁通知等。以避免环保产生的罚款、限期整改、停产等责任
	公司的重大诉讼或仲裁	关注公司是否有诉讼或仲裁程序影响到目标公司，包括实际进行的、即将开始的或者有可能产生的程序
	必要的批准文件	涉及到国有股权转让、专营、许可经营的并购，关注公司有无批准的批文，及该批文的真实合法有效性
财务尽职调查要点	财务组织	财务组织结构图及财务团队整体工作能力；年度经营计划及预算编制；财务分析体系；财务管理模式
	会计核算报告	会计报告体系；采用的会计政策；企业薪酬、税费政策；内部交易及关联交易会计政策
	货币资金	分析前三年货币平均余额，判断余额水平是否正常；了解可用资金余额，分析冻结资金现象

续表

	应收票据	确认票据种类、期限；分析商业承兑汇票出票人的信用程度；票据是否贴现
	应收账款	应收账款趋势分析，周转指标分析；逾期账款及坏账分析；应收账款回款情况分析；应收账款账龄分析
	其他应收款	其他应收款账龄分析及坏账分析；是否存在对外投资和大额对外借款等情况；核对大额款项的合同、协议
	存货	存货周转率变化趋势；关注发出商品、分期付款发出商品情况；判断存货被高估或低估的可能性
	固定资产	对重要资产查验发票，确认其所有权；实地查验固定资产，了解使用期限和残值；设备生产能力与实际生产能力比较；了解有无更新高昂生产设备的需求
	无形资产	判断无形资产价值的合理性；了解无形资产的取得方式及使用期限
	借款	是否存在大额借款，借款利息是否按时支付；分析债务重组的可能性
	应付账款	分析大额应付账款账龄、原因，判断企业的偿债能力；比较业务趋势与应付账款趋势，了解是否具有足够的买方信用；是否存在未入账应付账款
	其他应付款	核对大额应付款的合同、协议，账龄分析；分析长期挂帐应付款的原因，判断企业是否隐瞒利润

续表

	预收账款	了解预收原因，分析销售回款制度的合理性
	应交税金、其他应交款	了解企业适用的税种、税率，有无税收优惠政策等；判断有关税收减免项目是否真实，手续是否完备；关联交易的税收计算缴纳是否正确
	预提费用	了解预提原因、用途，判断预提是否正确
	其他负债	应付工资及福利、应付股利、长期应付款
	有无负债	有无担保、诉讼、贴现等情况；有无未执行完毕的合同
	实收资本	股东名称、投资金融、持股了解；历年资本变动情况
	资本公积	资本公积历年增减变动内容及原因
	销售收入	销售收入、毛利润变动趋势；产品销售结构变化趋势；关联交易对利润的影响；造成销售重大波动的原因
	销售成本	成本核算的合理性，成本变动对利润的影响
	期间费用	费用总额、费用水平变化趋势；主要费用项目变化趋势；收入与各项费用的相关程度
	现金流量	特别关注经营净现金流量；经营净现金流是否满足融资活动的利息支出净额；是否存在销售以外的其他经营收入来源

续表

业务尽职调查要点	供应情况	关注公司业务中所需的原材料种类及其他辅料，各原材料中需求中的比重；公司原材料主要供应商的情况，各供0应商所提供的原材料在公司总采购中所占的比例及供货 周期，公司有无与有关供应商签订长期供货合同；公司有无进口原材料，该进口原材料的比重，国家对进口该原材料有无政策上的限制；公司与原材料供应商交易的结算方式、有无信用交易；公司对主要能源的消耗情况
	业务及产品情况	关注公司的主营业务，主营业务在整个业务收入中所占的比重；主营业务所处行业背景，发展前景；主营业务增长情况，包括销量、收入、市场份额、销售价格走势，各类产品在公司销售收入及利润中各自的比重；公司产品系列、产品结构、产品需求状况
	销售状况	关注公司主要客户情况，及主要客户在公司销售总额中的比重；公司产品国内主要销售地域，销售管理及销售网络分布情况；公司产品国内外销售比例，外销主要国家和地区分布结构及比例；公司在国内外市场上主要竞争对手名单及主要竞争对手主要资料，公司和主要竞争对手在国内外市场上各自所占的市场比例；公司对售后服务的安排；公司的赊销期限，赊销部分占销售总额的比例多大

续表

	研究与开发能力	关注公司研发组织结构，主要研发人员履历、研发能力，新产品研发周期；与公司合作的主要研发机构名单及合作开发情况；公司自主拥有的主要专利技术、自主知识产权、专利情况；公司每年投入的研究开发费用及占公司营业收入比例；公司目前正在研究开发的新技术及新产品，未来计划研究开发的新技术和新产品；对比市场上的新产品，探究公司是否具有强大的创新能力

尽职调查的过程，实际上也是一个守护控制权的过程。企业通过股权架构梳理、资产核查、市场调研、财务审查、创新性研究等活动，发现驱动利润增长、成本下降的渠道与机会，重新定义产品、业务优势，放大公司的股权价值，有利于在融资中降低股权出让比例，减少控制权旁落的风险。

4.5 避开陷阱，融资就是馅饼

尽职调查后，如果投资方还有意向，投融双方将进入到具体的投资细节谈判中。但融资并不是“天上白白掉下来的馅饼”，投资者往往希望通过各种条款获得更多的权力，甚至觊觎公司的控制权。创业者要特别留意融资道路上的这些陷阱，以免误陷其中。

具体来说，以下条款会直接影响到创业者对公司的控制权，是需要在融资过程中格外注意的（见图 4-13）。

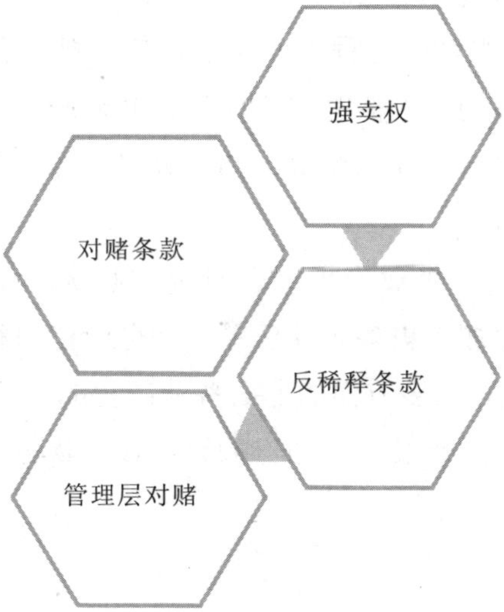

图 4-13　融资中需要留意的条款

1. 对赌条款

对赌是融资中惯用的条款，包括财务业绩对赌和上市时间对赌。如要求融资企业在约定期间内实现承诺的财务业绩，或要求融资企业在约定时间内上市，否则投资方有权要求调整创始人股份。

例如，2007年初，为解决资金困境和尽快实现上市，太子奶集团在引进英联、摩根士丹利、高盛等风险投资7300万美元时，签了一份对赌协议：在收到7300万美元注资后的前3年，如果太子奶集团业绩增长超过50%，就可调整（降低）对方股权；如完不成30%的业绩增长，太子奶集团创办人李途纯将会失去控股权。结果，在2008年金融危机的影响下，加上三聚氰胺事件，太子奶发展乏力，业绩完成遥遥无期，触发对赌条款，最终被三大投行一口“吞下”，创始人黯然出局。

再如，2009年，国内某餐饮企业为了支持门店扩张计划，引入了知名的投资机构，以10%的股权换取了2亿元的投资，并签署了对赌协议。“如果非投资方方面原因造成企业无法在2013年年底上市，那么投资方有权以回购方式退出企业”。但在随后的IPO进程中，企业屡屡折戟。在这种情况下，触发了对赌条款，投资方要求创始人按对赌协议高价回购股份。为筹集回购资金，创始人不得已又将股份出售给其他投资机构，最终，经过几番转手，企业被资本接管，创始人彻底出局。

在签订对赌条款时，企业应根据自身发展状况，设定合理的业绩增长幅度，或者在对赌协议中加入更多柔性条款，如分阶段执行条款，根据市场变化实时调整业绩要求；或者从多方面的非财务业绩标的入手，如KPI、用户人数、产量、产品销售量、技术研发、市场份额等，让条款更加均衡可控，且不可抱赌徒心理，承诺值过高。

2. 强卖权

强卖权又称强制随售权、拖带权、带领权、领售权，是指投资方在卖出其持有的股权时，强制要求创始股东一同卖出股权，也就是说一旦触发强卖权条款，投资者有权强制公司的创始股东和自己一起向第三方转让股份，并且创始股东必须依投资者与第三方达成的转让价格和条件，参与到投资者与第三方的股权交易中来。

比如，在协议中规定：当公司估值低于美元××百万时，当多数A轮优先股股东同意出售公司股权或清算公司时，其他A轮优先股股东和普通股股东必须同意该出售或清算计划。

硅谷曾经流传一家叫FilmLoop的公司的悲惨故事。2006年5月，FilmLoop从ComVentures投资公司获得700万美元融资。2006年10月，filmloop2.0发布，公司和其投资者对前途表示乐观。2006年11月，ComVenture迫于内部合作伙伴压力，被要求清理所有未盈利的项目，filmloop作为其中之一，被要求在年底之前把自己卖掉。虽然filmloop的创办人不愿意卖，但是基于ComVenture的股份比例以及其投资协议中一个称为“drag along rights”的条款，不得不同意filmloop被一家叫Fabrik的公司，用略多于Filmloop手头现金的金额收购，创始人被扫地出门。

这里的“drag along rights”即为强卖权条款。在公司发展过程中，强卖权条款很有可能导致创始人控股权旁落，需要特别警惕。

3. 反稀释条款

反稀释条款也称反股权摊薄协议，是指目标公司在进行后续项目融资或者定向增发过程中，投资人为避免自己的股份贬值及股权比例下降而要求获得与新投资者同样的购股价格。从本章第一节的例子中我们可以看出，一旦签订反稀释条款，创始人的股份稀释比例将提高，从而威胁到控制权。

2004年8月18日，汇丰银行入股交通银行，持股比例为19.9%，当时双方签订了反稀释条款。2005年6月、7月，在交通银行公开发行H股及实施H股超额配售权时，汇丰银行行使了该项权利，使其持股比例在股票总数量大增的情况下，依然达到了19.15%，确保其在交通银行第二大股东的地位，而交通银行只能稀释自己的股份。

反稀释条款包括棘轮条款。棘轮条款是投资方最常用的反稀释保护形式，有所谓完全棘轮条款和加权棘轮条款之分。

在完全棘轮条款的情况下，投资方过去投入的资金所换取的股份全部按新的最低价格重新计算。例如投资方以每股10元钱的价格投资100万元购买了10万股优先股，稍后企业又向一家战略伙伴以每股5元的价格发行5万股换取25万元的资金；按照完全棘轮的算法，投资方的股份应该从10万股调整到20万股。这样即使融资企业以低价出售很少一点股份，投资的股份比例也会大大增加，这对公司创始人有很大的影响。

在完全棘轮的情况下，如果新一轮的融资作价低于前一轮投资方投入的资金，除非企业中途取消融资或者前一轮的投资方放弃反棘轮条款，企业创始人都可能失去大部分股权，导致控制权旁落。所以，创始人应该要求以更合理的加权棘轮条款，也就是以所有股权（股票）的加权平均价格重新计算投资方和创始人的股份，这样创始人的股份稀释就没有那么严重。还可以要求投资方所有的可转换债权全部与普通股同样计算，这样万一以后以较低价格增资扩股，创始人的股份也不会被稀释得太多。

例如，投资方以每股1元的价格投资10万元，与企业创始人各占企业股份的50%，即10万股；过了一段时间后企业以每股0.1元的价格增发1万股，再次融资1000元，如果用完全棘轮方法计算，二次融资后投资方占100万股（10万元 / 每股0.1元），企业总股数增至111万股，投资方的持股比例为90.09%；如果用加权棘轮法计算，融资价格为每股0.918元（10100元 /11000股），投资方拥有10.89万股（10万元 / 每股0.918元），总股数为21.89万股（投资方10.89万股 + 创办人10万股 + 新发1万股），投资方的持股比例为49.75%。

因此，在涉及到反稀释条款时，一定要注意具体的计算方法。

4. 管理层对赌

在投资协议中约定，当某一目标未达到时，投资方可获得融资公司董事会多数席位，增加其对公司经营管理的控制权。

举个例子，某投资方与融资公司约定：在收到1500万美元注资后的前3

年，如果融资公司业绩增长达不到30%，投资方有权要求在更换、增加新的董事进入董事会时，向股东（大）会推荐拟进入董事会的人选，融资企业承诺对投资方的董事提名投赞成票。由于投资方已经在五名董事席位中占有两席，如果再提名一名，将对公司的决策有非常大的影响力，使创始团队权力缩小并受到限制。

企业融资中，投资人为了规避风险、争取利益最大化，常常设定各种条款。这时候，握有制定对赌协议条款主动权的风险投资人，他们在设计条款时自然会倾向于自己一边。对于经验不足、专业辅助力量薄弱的融资人来说，最好聘请专业律师，谨慎审读每一条款，权衡利益，谨防落入融资陷阱，使控制权“易主”。

4.6 三个融资技巧把握公司主导权

面对长袖善舞的投资方，初出茅庐的创业者如何才能在与资本的博弈中避开陷阱，牢牢掌握公司的控制权，不妨深谙以下三招“制敌术”。

4.6.1 控制董事会

公司架构中，董事会与股东会是两个相对独立的机构。董事会主要负责公司事务的执行，依据法律规定和公司章程行使日常经营决策的职权，如执行股东会的决议，决定公司的经营计划和投资方案，制订公司的年度财务预算方案、决算方案，决定公司内部管理机构的设置，决定聘任或者解聘公司经理及其报酬事项，并根据经理的提名决定聘任或者解聘公司副经理、财务负责人及其报酬事项，制定公司的基本管理制度等。

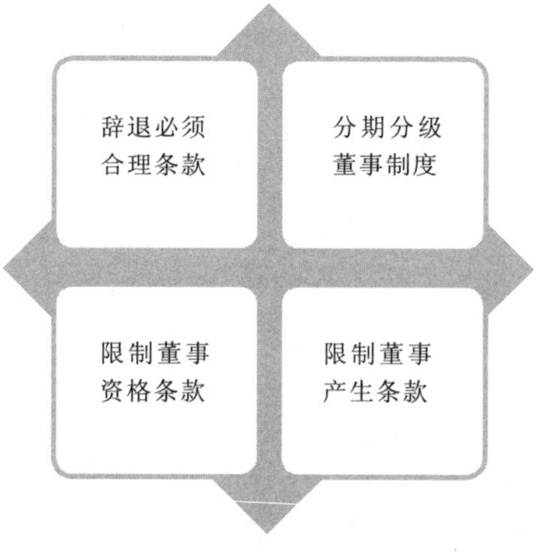

图 4-14　董事会控制条款

股东会往往无权直接干预董事会依据法律和公司章程行使日常经营决策的权力，特别是在初创企业中，很少通过股东会的控制权来参与公司日常经营，一般情况下，公司的日常经营都由董事会决定。因此，如果能控制董事会，也就控制了公司的实际经营管理权。

实践中，主要通过在章程中约定

一些限制性条款来控制董事会（见图 4-14）。

1. 辞退必须合理条款

在章程中设置辞退条款，增加更换董事的难度。

例如，中青旅在章程中规定：董事由股东大会选举或更换，任期三年。董事在任期届满以前，股东大会不能无故解除其职务，除法定事由或本章程另有约定外，股东（不含原提名股东）不得提出罢免或撤换现任董事的议案。如非原提名股东强行提出罢免或更换现任董事的提案，则公司董事会或监事会有权拒绝其召开临时股东大会的请求，如上述提案在股东大会召开十日前提出，则公司董事会有权拒绝将其提案提交股东大会审议。如该等股东自行召集和主持股东大会的，公司董事会或监事会有权以公司名义向公司所在地人民法院提起确认其召集行为及股东大会决议无效的诉讼，在人民法院依法对其召集行为及股东大会决议效力做出生效认定之前，公司董事会、监事会及高级管理管理人员有权不执行其股东大会决议。

2. 分期分级董事会制度

在公司章程中规定董事的更换每年只能改选 1/4 或 1/3 等，这样即使投资方已取得了足量的股权，也无法对董事会做出实质性改组，难以获得对董事会的控制权。

例如，中国宝安章程规定：在每届董事局任期内，每年更换的董事不得超过全部董事人数的 1/4，如因董事辞职、或因董事违反法律、行政法规及本章程的规定被解除职务的，则不受该 1/4 限制。董事局换届时，董事候选人的提名，由上届董事局提出，每届更换董事人数（包括独立董事）不得超过董事局构成总人数的 1/2。

为防止投资人在获得控股地位后通过修改公司章程废除分期分级董事会制度，公司章程还可设置特定的绝对多数条款，规定必须有一定比例（如 1/3 或过半数）股东出席股东大会且取得出席会议的绝对多数（如 3/4）股东同意才能修改关于分期分级董事会制度。

3. 限制董事资格条款

限制董事资格条款是指在公司章程中规定公司董事的任职条件，非具备某些特定积极条件者不得担任公司董事，具备某些消极特定情节者也不得进入公司董事会。通过这些条款增加投资方选送合适人选出任公司董事的难度。

实践中，可以具体对股东提名董事的权限、提名人数、董事会人选产生等方面来设计限制董事资格的条款，如规定“董事长必须从任职连续三年以上的执行董事中产生”，或规定“公司董事长应由任职满二届的董事担任，副董事长由任职满一届的董事担任”等。

例如，中技控股章程规定：在公司发生恶意收购的情况下，为保证公司及股东的整体利益以及公司经营的稳定性，收购方及其一致行动人提名的董事候选人应当具有至少五年以上与公司主营业务相同的业务管理经验，以及与其履行董事职责相适应的专业能力和知识水平。

4. 限制董事产生条款

董事一般由股东会投票选举、股东委派、或者董事会提名产生，甚至还可以公开召集候选人。其中董事会提名最常见，创始人不妨将对自己有利的提名方式写入章程。

例如，阿里巴巴章程规定阿里巴巴合伙人在集团上市后将拥有独家提名多数董事会成员的权利，但董事提名候选人，必须在一年一度的股东大会上获得大部分票数的支持，方可成为董事成员。而根据马云、蔡崇信、软银和雅虎达成的一致行动协议，在未来的股东会上，软银和雅虎要支持阿里巴巴合伙人提名的董事候选人，以此保证马云团队对董事会的控制力。

再如，万科章程规定：非独立董事候选人名单由上届董事会或连续 180 个交易日单独或合计持有公司发行在外有表决权股份总数 3% 以上的股东提出。此规定增大了外部资本想控制董事会的难度，有利于维持创始团队对企业的实际掌控力。

4.6.2 AB股制度

融资过程中，AB股制度是防止控制权旁落的一种有效策略。鉴于AB股制度的概念在3.4.3小节中做过介绍，此处不再重述，希望通过以下案例，让读者了解控制权把握的精妙之处。

谷歌曾使用AB股制度确保创始人对公司的控制权。谷歌在2004年上市前引入AB股制度，将公司股份分为A、B两类同价不同权股票，两位创始人拉里·佩奇（LarryPage）和谢尔盖·布林（SergeyBrin）获分配B股，其他公众股东则获分配A股。A股每股对应1票投票权，B股每股对应10票投票权。谷歌创始人及行政总裁持有几乎全部B股，实际共持有70%以上投票权，确保了两位创始人能以较少的持股拥有过半的投票权，从而控制大局。

2014年4月，谷歌又通过了一项“一拆二”拆股计划，旨在通过新发行没有投票权的C类股票，解决创始人失去对公司的控制权的问题。由于谷歌持续发放每股一票投票权的A类股票来奖励员工和收购公司，两位创始人的投票权有所下降，因此，谷歌以A类股票的数量为基准，设置了没有投票权的C类股票，并用他们来奖励员工和筹资收购，以此抑制创始人投票权稀释的问题。

举例说明，假如你有200股A类股票（每股一票投票权），那你就有200票投票权。拆股后，你将拥有200股A类股票和200股C类股票。A类股票仍将是每股一票投票权，C类股票则没有投票权，因此你的投票权不变。每股10票投票权的B类股票同理。鉴于未来谷歌发放A类股票的可能性将大大降低，这一计划可以缓解由于股票或期权补偿导致的创始人控制力下降。

百度也曾采用这种方式稳固控制权。百度将在美国股市新发行股票称作A类股票，每股代表1票表决权，而创始人股份为B类股票，即原始股，其表决权为每1股10票。所有在公司上市前股东们持有的股份均为原始股，一旦原始股出售，即从B类股转为A类股，其表决权立即下降10倍。通过这样的设计，保证百度管理层对企业的控制。

为了掌握控制权，“随手即拍、阅后即焚”照片分享应用Snapchat的开发商Snap在以往科技公司常用的A、B股二层股权结构的基础上，创造了A、B、C股三层股权架构。

Snap近日向美国证券交易委员会（SEC）提交了招股说明，从公布的信息来看，Snap的股票由普通A类股票、普通B类股票和普通C类股票构成（见图4-15）。A类股票不享有投票权；B类股票每股有1个投票权，可以转化为A股；C类股票每股有10个投票权，可以转化为B股。B类普通股和C类普通股的持有人将针对所有提交给董事会的事项共同投票。

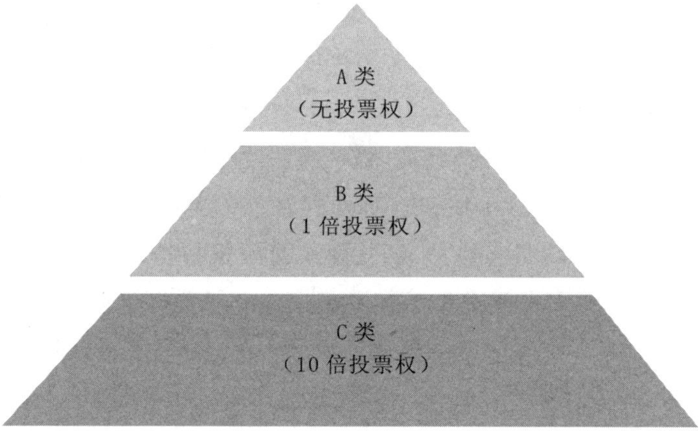

图4-15　Snap的三层股权架构

Snap创始人埃文·斯皮格尔（EvanSpiegel）和联合创始人、首席技术官RobertMurphy持有100%的C类股票，合计掌握总投票权的88.6%，也就是说两位创始人将牢牢把控公司的话语权；同时，为了避免稀释控制权，Snap首次IPO发行的还是没有投票权的A类股票。

融资中，创始团队不妨考虑多层股权制度，外部资本持有低投票权的股份，创始团队持有高投票权的股份，以此把握对企业的控制权。

4.6.3 管理层收购

“管理层收购”指公司的管理者与经理层利用借贷或自有资本对公司的股份进行购买，以实现对公司所有权结构、控制权结构和资产结构的改变，实现管理者以所有者和经营者合一的身份主导重组公司的一种收购行为。

初创企业待成长起来后，往往可以借助管理层收购重获公司的控制权。

2009 年底，新浪 CFO 余正均、COO 杜红、总编辑陈彤、无线业务总经理王高飞、产品事业部总经理彭少彬以及 CEO 曹国伟，共同出资在英属维尔金群岛注册了新浪投资控股公司，以每股 32.14 美元的价格，购买新浪约 560 万普通股，由此在新浪持股比例达到 9.41%，成为新浪第一大股东。由此，加强了管理层对于公司的控制权，使得其他觊觎新浪控制权的玩家较难从资本层面入侵。

2012 年 9 月，阿里巴巴宣布对雅虎 76 亿美金的股份回购计划全部完成。阿里巴巴集团以 63 亿美金现金及价值 8 亿美金的阿里巴巴集团优先股，回购雅虎手中持有阿里巴巴集团股份的 50%。同时，双方约定在未来公司上市时，阿里巴巴集团有权优先购买雅虎剩余持有股份的 50%。作为交易的一部分，雅虎承诺将放弃委任第二名董事会成员的权利，同时也放弃了一系列对阿里巴巴集团战略和经营决策相关的否决权。通过此次管理层收购，阿里巴巴集团董事会中，软银和雅虎的投票权之和将降至 50% 以下，保证阿里巴巴团队获得绝对多数投票权，从而确保管理层对阿里巴巴集团的控制权。

第5章

股权众筹，控制权不旁落

股权众筹即通过互联网平台，用股东身份和股权来换取投资人的资金。但凡出让一定股份，引进其他股东，创始人如果没有合理布局，就容易丧失控股地位，进而失去对公司的控制权。股权可以分散，但控制权必须集中，有必要将风险防范到最低。

5.1 股权可以分散，控制力不容弱化

移动互联网时代，互联网概念已渗入到每一个人的生活，不仅极大地丰富了商业模式、消费模式与融资模式，也改变着人们对传统行业的认识。众筹由此应运而生，以低门槛、解决企业融资难、依靠大众的力量、带动社会经济良好发展等特点迅速流传并得到了广泛认可，成为时下最受欢迎的融资模式之一。

“众筹”源于国外的crowdfunding一词，即发动群众的力量，为个人或某项活动筹措资金。股权众筹是指以股权作为回报，通过互联网平台向大众筹资，获取发展所需资金的融资模式。

股权众筹犹如“饮鸩止渴”，如果没有合理布局，很容易导致控制权旁落。如何才能在分散股权的同时，保证控制力不弱化，不妨未雨绸缪，在众筹前做好以下两点（见图5-1）。

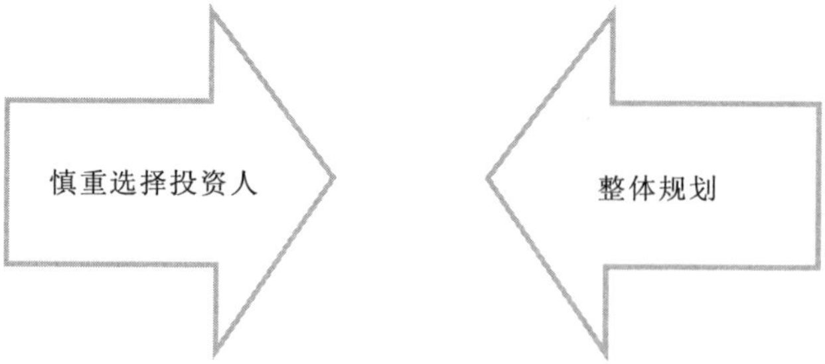

图5-1 保证控制力不弱化的要素

1. 整体规划

首先，创始团队在众筹前就应当有一个整体的规划，如预计筹资多少，预计筹资几轮，预计让渡多少股权，如何保证创始团队对企业的控制力，等等，都需要较为精密的规划，而不能在急于用钱的情况下仓促地交出自己的控制权。

参与股权众筹的企业需要明白，众筹强调筹人、筹资、筹钱，而一旦领投人带着人才、资源、资金来了，必然会要求相应的话语权和决策权。众筹企业要想保证创始人的主导权不旁落，需要事先在章程和股东协议中对创始人股份、管理权、股权出让比例、股份稀释方式、特别事项表决方式、创始人否决权、以及股权退出机制等做出系统规划，合理设定。

2. 慎重选择投资人

投资人一般有两种。一种为财务投资人，即纯粹追求资产增值，不图谋企业控制权，在得到回报之后便会自觉退出。阿里巴巴在回购雅虎股份时，为了筹集资金，引进了只求经济回报，不享有表决权的财务投资人。另一种是战略投资人，即在付出资金的同时，要求相应的话语权、决策权，往往会带着将目标公司纳入自身战略轨道的潜在目的，对夺取公司的控制权具备更大的野心。因此，在引入投资人时要慎重选择，防止“引狼入室”。如果引入的是战略投资人，要确保两者的战略方向基本一致，否则一旦发生股权纠纷，将使创始团队面临被清洗的局面。

5.2 互联网时代的股权众筹生态圈

互联网时代的股权众筹生态圈参与主体包括筹资人、出资人、众筹平台、托管人（见图 5-2），根据相关法规履行不同职责。

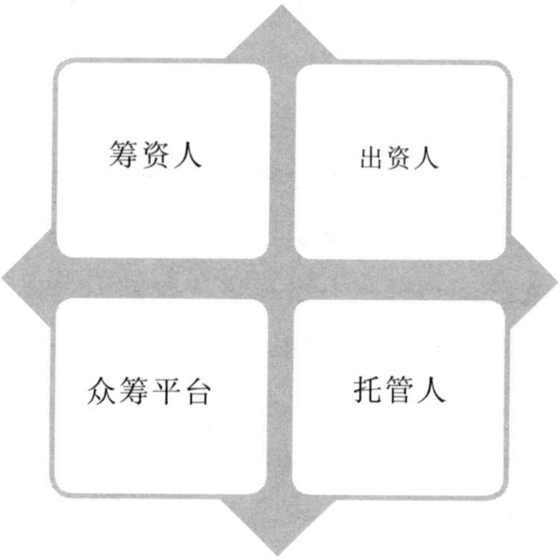

图 5-2　股权众筹主体

1. 筹资人

筹资人通常是指融资过程中需要资金的中小微企业或其发起人，他们通过众筹平台发布企业或项目融资信息以及可出让的股权比例。

筹资人应当履行下列职责：

（1）向股权众筹平台提供真实、准确和完整的用户信息；

（2）保证融资项目真实、合法；

（3）发布真实、准确的融资信息；

（4）按约定向投资者如实报告影响或可能影响投资者权益的重大信息；

（5）证券业协会规定和融资协议约定的其他职责。

筹资人禁止的行为：

（1）欺诈发行；

（2）向投资者承诺投资本金不受损失或者承诺最低收益；

（3）同一时间通过两个或两个以上的股权众筹平台就同一融资项目进行融资，在股权众筹平台以外的公开场所发布融资信息；

（4）法律法规和证券业协会规定禁止的其他行为。

2. 出资人

出资人往往是普通大众，他们通过互联网了解各种投资项目，并对自己觉得有价值的创业企业或项目进行小额投资，待筹资成功后，出资人获得创业企业或项目一定比例的股权。

出资人应当履行下列义务：

（1）向股权众筹平台提供真实、准确和完整的身份信息、财产、收入证明等信息；

（2）保证投资资金来源合法；

（3）主动了解众筹项目投资风险，并确认其具有相应的风险认知和承受能力；

（4）自行承担可能产生的投资损失；

（5）证券业协会规定和融资协议约定的其他职责。

3. 众筹平台

众筹平台是指利用互联网技术，为股权众筹投融资双方提供信息发布、需求对接、协助资金划转，并在筹资成功后负有一定监督义务的媒介机构。

股权众筹平台应当具备下列条件：

（1）在中华人民共和国境内依法设立的公司或合伙企业；

（2）净资产不低于 500 万元人民币；

（3）有与开展私募股权众筹融资相适应的专业人员，具有 3 年以上金融或者信息技术行业从业经历的高级管理人员不少于 2 人；

（4）有合法的互联网平台及其他技术设施；

（5）有完善的业务管理制度；

（6）证券业协会规定的其他条件。

众筹平台应当履行下列职责：

（1）勤勉尽责，督促投融资双方依法合规开展众筹融资活动、履行约定义务；

（2）对投融资双方进行实名认证，对用户信息的真实性进行必要审核；

（3）对融资项目的合法性进行必要审核；

（4）采取措施防范欺诈行为，发现欺诈行为或其他损害投资者利益的情形，及时公告并终止相关众筹活动；

（5）对募集期资金设立专户管理，证券业协会另有规定的，从其规定；

（6）对投融资双方的信息、融资记录及投资者适当性管理等信息及其他相关资料进行妥善保管，保管期限不得少于 10 年；

（7）持续开展众筹融资知识普及和风险教育活动，并与投资者签订投资风险揭示书，确保投资者充分知悉投资风险；

（8）按照证券业协会的要求报送股权众筹融资业务信息；

（9）保守商业秘密和客户隐私，非因法定原因不得泄露融资者和投资者相关信息；

（10）配合相关部门开展反洗钱工作；

（11）证券业协会规定的其他职责。

股权众筹平台不得有下列行为：

（1）通过本机构互联网平台为自身或关联方融资；

（2）对众筹项目提供对外担保或进行股权代持；

（3）提供股权或其他形式的有价证券的转让服务；

（4）利用平台自身优势获取投资机会或误导投资者；

（5）向非实名注册用户宣传或推介融资项目；

（6）从事证券承销、投资顾问、资产管理等证券经营机构业务，具有相关业务资格的证券经营机构除外；

（7）兼营个体网络借贷（即 P2P 网络借贷）或网络小额贷款业务；

（8）采用恶意诋毁、贬损同行等不正当竞争手段；

（9）法律法规和证券业协会规定禁止的其他行为。

4. 托管人

托管人是众筹平台为保证各出资人的资金安全，监督出资人将资金切实用于创业企业或项目，以及筹资不成功的及时返回而选定的履行资金托管职责的人，一般由专门银行担任。

5.3 熟悉流程，菜鸟也能玩好众筹

股权众筹的运作流程一般如下（见图 5-3）。

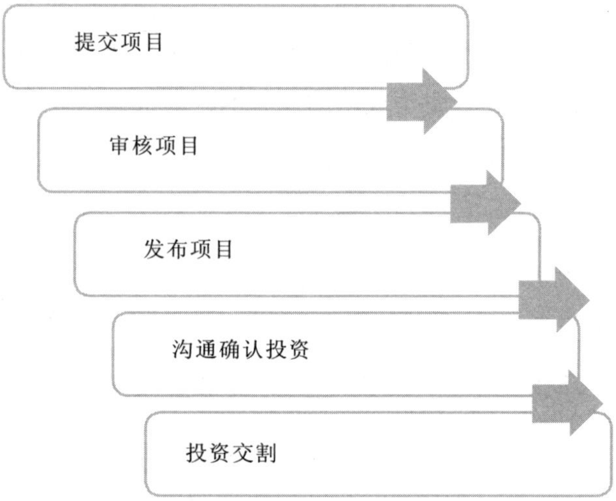

图 5-3 股权众筹流程

第一步，创业企业或项目发起人选择合适的股权众筹平台，向平台申请股权众筹服务，并签订合作协议，提交项目策划或商业计划书，并设定拟筹资金额、可让渡的股权比例及筹款的截止日期。

第二步，股权众筹平台对筹资人提交的项目策划或商业计划书进行审核，审核范围包括资料的真实性、完整性、可执行性、风险性、商业模式以及投资价值，并提出反馈意见，必要时要求发起人补充相关材料。

第三步，众筹平台审核通过后，在网络上发布相应的项目信息和融资信息。

第四步，投资人对众筹平台的众多项目进行筛选，发现有价值的项目并和企业进行前期沟通，如果觉得可行，投资人可以对企业进行调查考察，并与创业企业签署《投资意向书》、拟定投资条款、确定自身投资额度并拟写投资建议书。

第五步，目标期限截止，筹资成功的，平台按照收付款规则将筹集金额拨付筹资人，出资人与筹资人签订正式《投资协议书》，并开始实施后续投后管理，包括成立有限合伙入股公司，规划发展战略、建立现代化企业管理制度、辅助市场运营等；筹资不成功的，资金退回各出资人。

5.4 选好平台，众筹不再“愁”

众筹平台是连接筹资者与投资者的纽带，也是项目预热、曝光、推广、资源互换的渠道。事实上，众筹平台控制着信息的流通通路，投资人、项目发起人在每一个环节上都要与平台发生联系，因此平台在整个环节中起着决定性的作用。选择合适的众筹平台，对成功筹资意义重大（见图 5-4）。

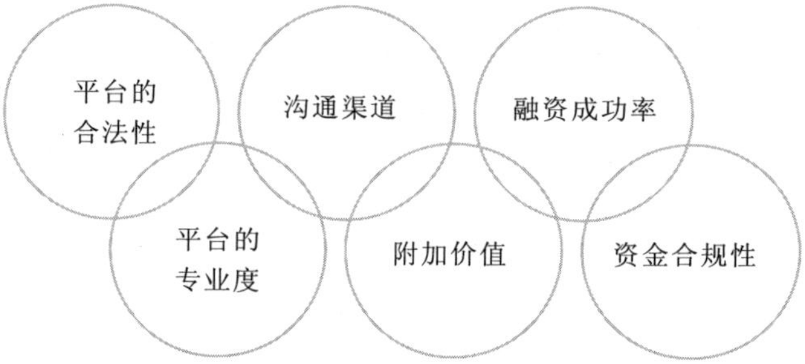

图 5-4　选择股权众筹平台的原则

1. 选择合法的众筹平台

股权众筹与网贷行业类似，本身就具有法律风险，因此，一个平台是否合法合规，是企业决定是否在其平台众筹的基础。企业可以从工商局、工信部、基金协会查询网站等机构，了解众筹平台是否具备相关资质，相关业务是否正规、合法，有没有 ICP 证书；如果涉及到私募基金业务，是否进行私募基金登记备案，是否具备私募基金管理人资质，有没有资格参与私募基金的管理与销售。

2.选择专业的众筹平台

众筹平台需要拥有专业化的管理团队，具备股权交易协作能力和投资团队的协调机制，能全面了解和掌握项目情况，从而确保信息的准确传递，迅速而有效的将合作企业的需求传递给投资者。

企业可以从团队背景、股东方主营业务与股权交易的协作能力、影响力、业务规模和网站流量、荣誉资质等方面进行考察。一般来说，上线早、规模大的股权众筹平台在项目流程、风险防控等方面具有更成熟的经验，而深耕于垂直细分领域的股权众筹平台则在该领域内具有更多的资源。

例如，依托京东商城在消费电子产品领域的知名度及专业性，京东股权众筹平台天然拥有智能硬件产品众筹的优势。36氪具有科技媒体属性，聚集了百万IT读者，同时36氪还发展FA业务，因此具有丰富的互联网人脉资源。天使客是专注于TMT领域主打“精品路线”的股权众筹平台，具有较强的专业机构背景。德迅投资创始人、腾讯创始人之一的曾李青，经纬创投创始人张颖以及架桥资本是其大股东，投资者的鉴别成本较低。

3. 选择沟通渠道畅通的众筹平台

股权众筹平台能够为合作企业提供所需资金来源，同时也是信息生成和交互的平台，可以为投资人全面了解项目及投融双方的顺畅沟通提供重要保证。因此企业有必要关注平台的沟通渠道，如果沟通渠道狭窄，信息传递不够全面，后续投资人很容易与创业者因信息不对称而产生纠纷。

比如论坛、邮件、圈子、微信、电话沟通甚至线下见面等，都是沟通渠道，方便投融双方加深了解。以论坛为例，它可以更好地沉淀投资人，也为投资人获取更多信息提供通道，投资人之间的信息交换和认知传导，有助于众筹成功率的提高。

4.选择融资成功率高的众筹平台

股权众筹平台之间存在着激烈的竞争，遵循着优胜劣汰的准则，成功融资金额越高的平台相对而言实力较强，也更受欢迎。发起人有必要考量各平台的融资成功率。

5. 选择附加值高的众筹平台

仅仅只能提供融资服务的股权众筹平台遍地都是，所以我们要着重考察平台所能提供的附加服务，如方案优化、项目推广、渠道对接、零售宣传、吸引资本、退出支持等等。例如天使汇提供的闪投、壹百倍加速器、天使汇大屏幕等服务模式。上午路演的项目，下午就能和投资人进行一对一的密谈，傍晚就能签订投资意向书，称为“闪投”；发起人同时面对16位天使投资人宣传自己的项目，成功之后当场就可获得50万元到300万元的投资资金，并且还会获得投资人为期100天的项目指导，称为“壹百倍加速器”；天使汇大屏幕则是天使汇联合深交所、中关村打造的为创业者提供的户外传播媒体，在黄金地段为创业者提供展示自己的机会。

6. 选择资金存管合规的众筹平台

现在国内的众筹平台是遍地开花，难免鱼龙混杂。如果平台在众筹成功后迟迟不将资金划拨到筹资人账户，对筹资人来说，也只能是打烂牙往肚里咽，投诉无门。因此，有必要在众筹项目发布前，详细了解平台的收付款规则、账户资金划转、资金监管等功能，考察有没有著名的机构或者投资人作为这个平台的股东或者顾问来对平台进行背书，对公司名称、办公地址和联系电话等信息的真伪和可靠性进行核实，特别要注意平台资金存管是否有合规的重要指标，是否自设资金池或者进行自融，是否发生过资金纠纷。

例如，京东众筹的付款规则为：项目筹资成功后，京东众筹在确认收款信息无误后3个工作日内，将募集总金额扣除3%平台服务费后的余款项70%交付给发起人，并将预留余下的30%作为确保项目成功并保证支持者获得回报的保证金，在项目成功无纠纷且所有支持者得到承诺回报的情况下，京东将这部分款项交付给发起人。

“人人投”平台向项目发起人收取项目众筹成功金额的5%作为服务费，其中，众筹成功的金额还包括项目发起人自己提交的启动资金。“人人投”通过设立第三方帐户易宝来管理资金的发放。对于融资成功的项目来说，资金并不是一次性支付给项目发起人，而是在易宝账户进行“第三方监管”，根据项目方的资金申请分次审核和发放。由此判断在易宝账户或存在一定数量的资金沉淀。

5.5 避开风险，众筹越筹越“猛”

随着互联网金融的快速发展，通过网络实现股权众筹的融资业务飞速增长。但是，企业应该注意到，股权众筹在暴发式增长的同时也存在诸多风险，只有避开这些风险，众筹才能越筹越“猛”。

股权众筹的风险主要体现在以下几个方面（见图 5-5）。

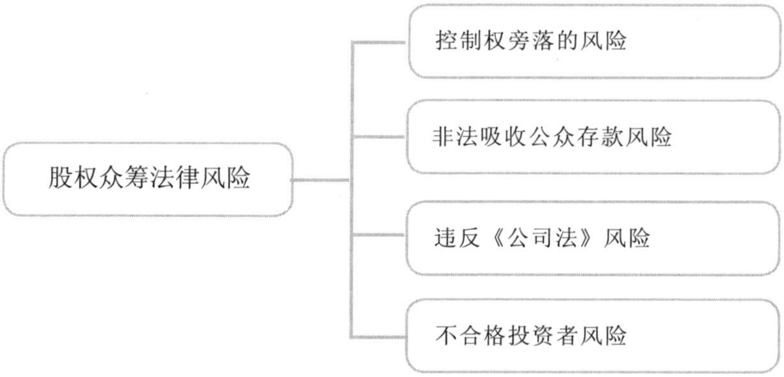

图 5-5　股权众筹的风险

1. 控制权旁落的风险

通过众筹平台出让股权以换取发展所需要的资金，这一特性天然决定了企业可能在众筹过程中失去控制权，如果没有对股权转让附加的约束条件，及守护控制权的策略，控制权“易主”将是板上钉钉之事。

2. 非法吸收公众存款的风险

2010 年 12 月《最高人民法院关于审理非法集资刑事案件具体应用法律若干问题的解释》第一条规定：违反国家金融管理法律规定，向社会公众（包括单位和个人）吸收资金的行为，同时具备下列四个条件的，除刑法另有规定的以外，应当认定为刑法第一百七十六条规定的“非法吸收公众存款或者变相吸收公众存款”：（1）未经有关部门依法批准或者借用合法经营的形式吸收资金；（2）通过媒体、推介会、传单、手机短信等途径向社会公开宣传；（3）承诺在一定期限内以货币、实物、股权等方式还本付息或者给付回报；（4）向社会公众即社会不特定对象吸收资金。

股权众筹以互联网为载体，很容易突破法律红线而被认定为属于公开向不特定人群募集资金而涉嫌非法集资。

最新出炉的《私募股权众筹融资管理办法（试行）》中明确规定：融资者不得公开或采用变相公开方式发行证券，不得向不特定对象发行证券。融资完成后，融资者或融资者发起设立的融资企业的股东人数累计不得超过 200 人。

如果众筹平台在无明确投资项目的情况下，事先归集投资者资金，形成资金池，然后才进行招募项目，再对项目进行投资，则存在非法集资的嫌疑；或者众筹平台在投资人、融资人不知情的情况下，私自将资金挪为他用，更有可能构成集资诈骗犯罪。由于筹资人和众筹平台间的连带关系，都有可能使筹资人面临法律责任。

3. 违反《公司法》的风险

我国《公司法》规定有限责任公司股东人数不能超过 50 人。股权众筹以原始股权作为回报，相当有吸引力。加之众筹成功后需要设立公司，即使限定于有限责任公司股权，也面临着投资者人数众多、股东人数可能突破公司法限制的问题，有一定风险。

4. 投资者不合格的风险

《私募股权众筹融资管理办法（试行）》第十四条规定：私募股权众筹融资的投资者是指符合下列条件之一的单位或个人：

（1）《私募投资基金监督管理暂行办法》规定的合格投资者；

（2）投资单个融资项目的最低金额不低于100万元人民币的单位或个人；

（3）社会保障基金、企业年金等养老基金，慈善基金等社会公益基金，以及依法设立并在中国证券投资基金业协会备案的投资计划；

（4）净资产不低于1000万元人民币的单位；

（5）金融资产不低于300万元人民币或最近三年个人年均收入不低于50万元人民币的个人。上述个人除能提供相关财产、收入证明外，还应当能辨识、判断和承担相应投资风险；

本项所称金融资产包括银行存款、股票、债券、基金份额、资产管理计划、银行理财产品、信托计划、保险产品、期货权益等。

（6）证券业协会规定的其他投资者。

由于对投资者的审查主要由股权众筹平台实行，如果平台不能尽到应有的审查义务，筹资人可能面临筹资失败或违反法律规定风险。

鉴于上述风险，企业在股权众筹过程中，应当采取以下防范措施：

众筹的同时，采取控制权维护策略；

严格审查众筹平台资质；

不向非特定对象发行股份；

不向超过200个特定对象发行股份；

不采用广告、公开诱导和变相公开方式发行股份；

不发布风险较大的项目和虚假项目，不向投资者承诺收益或本金不受损失；

不在众筹平台以外的公开场所发布融资信息。

5.6 归集表决权，掌握众筹中的控制权

鉴于众筹中存在的控制权旁落风险，创始人可以采取董事会控制、AB股制度等相关策略。或者根据企业发展阶段实行管理层收购。除此之外，还可以通过归集表决权，获得对企业的实际掌控力。

所谓“归集表决权”，是指把小股东的表决权归集到创始人的手中，增加创始人的表决权的数量，从而增强对公司的控制力。例如创始人只有20%的股权，所对应的就只有20%的表决权，当他把其他小股东拥有的35%的股权归集在一起的时候，他就有了55%以上的表决权。

归集表决权又分为表决权委托、一致行动协议和创始人的否决权（见图5-6）。

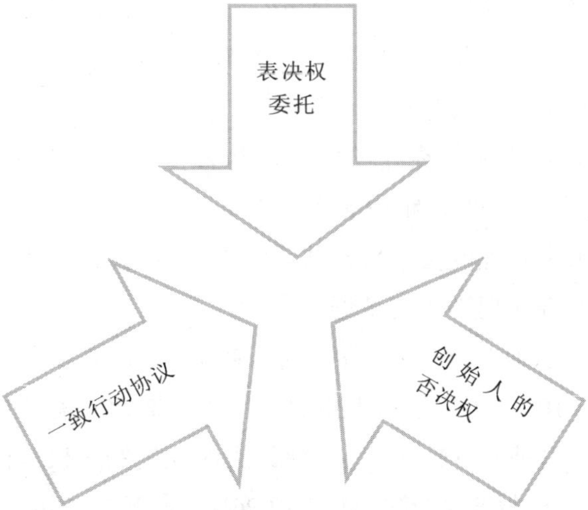

图 5-6 归集表决权的分类

5.6.1 表决权委托

表决权委托是指通过签署授权委托书，某股东将其在公司所持有的表决权委托给另一特定股东来行使。在这种机制之下，获得委托权的股东便可以行使比自己股份更大的表决权利，从而在公司决策中拥有更大的影响力或者控制权。

我国《公司法》规定，股份有限公司股东可以委托代理人出席股东大会会议，代理人应当向公司提交股东授权委托书。由此可见，表决权委托在我国是可行的。

京东在引进外部风险投资机构的时候，充分利用了表决权委托，要求获准进入的风险投资商将其投票权委托给刘强东自己在英属维京群岛所掌控的MaxSmartLimited和FortuneRisingHoldingsLimited公司行使。2014年上市前，刘强东通过签署表决权委托协议，由京东11家投资人将其表决权委托给其控股的两家公司，刘强东虽然持股只有18.8%（不含代持的4.3%激励股权），却因此掌控了京东过半数的投票权。2016年，腾讯公司旗下黄河投资8月12日至18日期间分三次增持京东的美国存托股票，合计802万股，代表1603万股京东A类股，持有京东股票比例从17.6%升至21.25%，超过京东集团创始人兼CEO刘强东，成京东第一大股东，但因为事先有表决权委托安排，增持并不会影响刘强东对京东的实际控制权。

阿里巴巴也存在表决权委托的安排，马云在上市前所占股比为8.8%，管理层总计14.6%；软银34%，雅虎22%。马云通过与软银和雅虎签订表决权委托协议，获得软银和雅虎的投票权，从而实现了对公司的实际控制。

我们再来看看乔布斯当年的遭遇。

苹果创立时，创始人史蒂夫·乔布斯、斯蒂夫·沃兹尼亚克、罗·韦恩分别持股45%、45%、10%；不久之后韦恩退伙，乔布斯800美元回购其股份。

1976年8月，马库拉9.1万美元入伙。当时计划的股权结构为史蒂夫·乔布斯26%、斯蒂夫·沃兹尼亚克26%、马库拉26%，剩下22%用来吸引新的投资者。

1977年1月3日，新苹果公司成立。股权结构为史蒂夫·乔布斯30%、斯蒂夫·沃兹尼亚克30%、马库拉30%、工程师罗德·霍尔特10%。

1979年末，苹果引入上市前的夹层融资。投资者包括施乐公司、罗斯柴尔德（LFRothschild）、Untenberg、Towbin、Brentwood资本公司以及一些个人投资者等共计16个投资人。

1980年12月12日，苹果IPO后乔布斯的持股比例被稀释后到15%；马库拉约持有700万股，占比约11.4%；沃兹尼亚克持有400万股，占比约6.5%。

1981年至1983年，马库拉担任苹果CEO。

1983年，乔布斯邀请百事可乐总裁约翰·斯卡利加入苹果，担任CEO。

1985年5月，在董事会（马库拉）的支持下，斯卡利解除了乔布斯在Macintosh部门的职务，只保留了董事长的虚职。同年9月乔布斯辞去董事长职位，离开了自己一手创办的苹果。

乔布斯的遭遇一方面和均分的股权结构有关系，另一方面也是控制权补救措施的缺乏。如果在股份稀释后能和其他小股东签署表决权委托协议，获得他们手中的表决权，即使马库拉和斯卡利联手，可能也不能把乔布斯赶下台。

众筹融资中，面对众多的外部股东，创始人不妨联合其他小股东，通过表决权委托，扩大自己手中的权力。

5.6.2 一致行动协议

“一致行动协议”是指创始股东跟其他小股东一起签署一个协议，就公司的事项进行表决的时候依照统一的意志去表决。当其他的股东与创始股东意见不一致的时候，按照创始股东的意志进行表决。

“一致行动协议”内容通常体现为：一致行动人同意在其作为公司股东期间，在行使提案权、表决权等股东权利时，做出相同的意思表示，以其中某一方意见作为一致行动的意见，以巩固该方在公司中的控制地位。

“一致行动协议”的认定包括四个基本点（见图5-7）：采取“一致行动”的法律依据是协议、合作、关联方关系等合法方式；采取“一致行动”的手段是行使目标公司的表决权；采取“一致行动”的方式是采取相同意思表示；采取“一致行动”的目的是扩大其对目标公司股份的控制比例，或者巩固其在目标公司的控制地位。

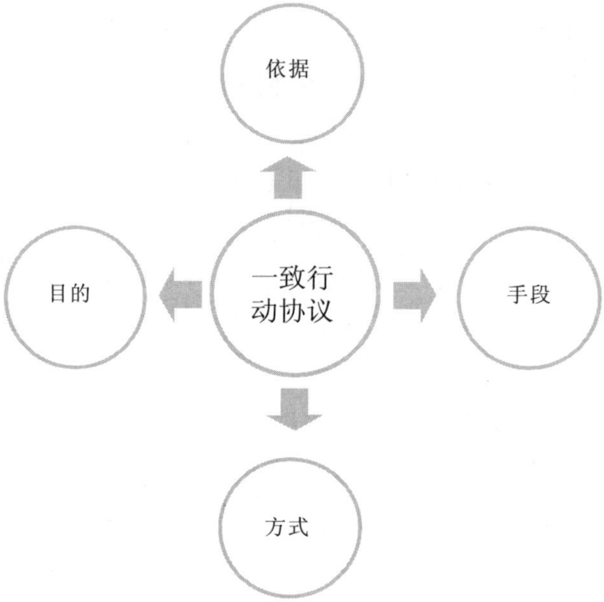

图 5-7 “一致行动协议”的四个基本点

签订《一致行动协议》的目的是为了明确、稳定公司的控制权，操作中要注意以下要点（见图 5-8）。

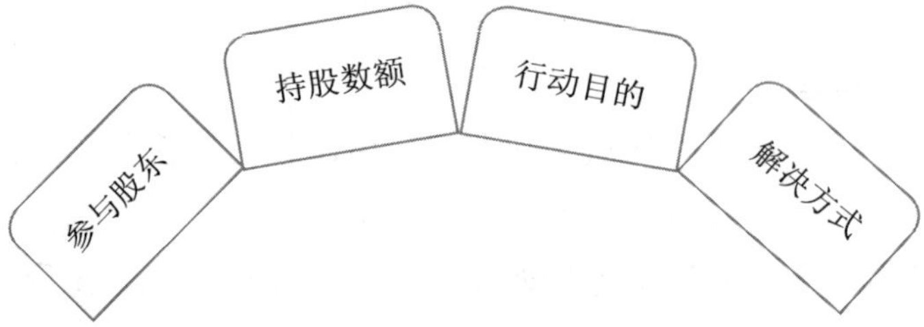

图 5-8 《一致行动协议》的操作要点

1. 参与一致行动的股东

除了大股东，其他对公司有影响力的小股东，一样可以成为参与一致行动的股东。例如江海股份在公司 IPO 前，公司股东香港亿威投资有限公司直接持有 6 000 万股股份，占总股本的 50%；其他 47 名境内自然人（中方股东）股东合计持有 6 000 万股股份，占总股本的 50%。但根据该公司披露信息，公司由香港亿威和中方股东共同控制，而非香港亿威单独控制。

其具体原因就是中方 47 名自然人股东其中 46 名自然人已签署《委托协议书》，授权公司股东、董事长陈卫东先生代为行使其持有公司股份所享有的股东大会的投票权、提案权、提名权、临时股东大会的召集权。这样公司形成了两大表决主体，即香港亿威与陈卫东代表的自然人股东。

2. 参与股东持股数额

一致行动人应当合并计算其所持有的股份。因此在确认一致行动协议时要明确各股东持有公司股份数额。投资者计算其所持有的股份，应当包括登记在其名下的股份，也包括登记在其一致行动人名下的股份。一般情况的一致行动协议均采用此种认定方式。如星奥股份案例中，杨亚中、李明勇、陈斌 3 人直接持有公司股权的比例一直保持在 34%、33%、33%，均对公司形成重大影响；但任何一人凭借其股权均无法单独对公司股东大会决议、董事会选举和公司的重大经营决策实施决定性影响。正是因为公司的股权结构特点，采取一致行动协议明确公司控制权问题。

3. 签署一致行动的目的

签署一致行动的目的就是为取得公司的实际控制权，因此，要注意协议签署后按照各股东所持股份比例，是否能真正获得控制权。例如在欧萨咨询披露的信息中，该公司股东国淳创投、王小兵、张朝一、伍波、夏志玲、国际创投分别持有公司 30.71%、25.93%、25.93%、6.22%、6.22%、5.00% 的股份。公司第一大股东为国淳创投，但股东王小兵与张朝一通过签署《一致行动协议》，合并持股 51.86%，掌握了公司的实际控制权。

4．一致行动意思表示及矛盾解决方式

一致行动旨在约定一致行动人在股东大会、董事会的提案、表决等行为保持一致行动，换言之，一致行动人应在股东大会、董事会召开前达成一致的表决意见。因此，在一致行动协议中应该明确一致表决意见形成的方式及切实有效的矛盾解决方式。

例如，神农大丰的创始人黄培劲与柏远智等其他 10 位自然人股东签署的《一致行动协议》，约定：

（1）各方确认，自作为神农大丰的股东以来，在神农大丰的历次股东大会对相关事项表决时，各方均保持了一致。

（2）本协议签署后，在处理有关须经神农大丰股东大会审议批准的事项时，各方应采取一致行动。采取一致行动的方式为：在向股东大会行使提案权和在股东大会上对相关事项行使表决权时保持一致。

（3）任何一方拟向股东大会提出议案时，须与其他方进行充分沟通协商，在取得一致意见后，由各方共同向股东大会提出议案。

（4）股东大会召开前，各方应就股东大会拟进行表决的议案进行充分沟通协商，就行使何种表决权达成一致意见，并按照该一致意见在股东大会上对该等议案行使表决权。为保证本规定得以执行，在股东大会对相关事项进行表决时，10 位自然人股东先应将填写好的表决票提交给黄培劲确认，再由黄培劲将各方的表决票一并提交给收票人。柏远智等 10 位股东任何一方因任何原因不能参加股东大会，应委托黄培劲或黄培劲指定的人代表其参加股东大会，并授权黄培劲及黄培劲指定的人按前述规定代其行使表决权。

（5）任何一方违反本协议约定，应在不违背法律、法规、规章、有关规范性文件和神农大丰章程的前提下，采取有效措施消除其违约行为所带来影响。柏远智等 10 位股东中的任何一方如发生两次以上（包括两次）违反本协议规定的行为，黄培劲有权要求该等违约方将其对股东大会的提案权和在股东大会上的表决权在本协议的有效期内授权黄培劲行使，在授权期限内，该等违

约方不得再亲自行使提案权和表决权。

（6）协议自各方签署之日起生效，至神农大丰首次公开发行的股票上市交易之日起满36个月后失效。同时，柏远智等10位自然人股东承诺，自股票上市之日起，在公司连续服务年限不少于三年。

5.6.3 创始人否决权

表决权委托和一致行动协议是增大创始人控制权的进攻性的策略，否决权则是一种防御性的策略。当上述两种方式不能实现的时候，否决权显得尤为重要。

创始人否决权是指，对于公司有重大影响的事件，如投资、担保、质押、解散、清算、分立、合并、控制权转让、重要资产重组、主营业务变更、重大对外并购、公司预算决算、变更董事会组成规则或人员、聘请与更换审计师、上市、重大人事任免、股权激励等，在符合法律规定的表决方式下，还必须得到核心创始人的同意或赞成表决方可通过并实施。

比如，我们可以在投资协议中约定类似条款：

有关公司投资、融资、担保、质押、解散、清算、分立、合并、股权转让等影响公司控制权的重大事项，必须获得核心创始人的赞成表决方可通过并实施。

众筹融资中，不妨参考上述条款，在协议中赋予核心创始人一票否决权，使其在遭遇控制权变故时有抵御的能力。

第6章

股权激励，控制权与激励效应必须兼得

股权激励作为一种长期激励措施，通过授予经营者公司股权，使他们能够以股东的身份参与企业决策、分享利润、承担风险，从而勤勉尽责地为公司的长远发展服务，这是企业提升竞争力的重要手段。但股权激励在实施过程中，有必要采取种种手段避免控制权旁落他人。

6.1 股权激励合理，牢牢把握控制权

股权激励设置合理，才能在取得激励效应的同时牢牢把握企业的控制权。具体来讲，可以从持股载体入手，通过表决权归集，实现分股不分权。

实行股权激励后，公司股份可能被分散在很多小股东手中。这时候，不妨设置一个持股载体，让小股东通过持股载体间接地去持有公司的股权，同时持股载体所对应的表决权归集在创始股东手中，以实现权力的集中。

实践中，持股载体的形式主要为有限合伙企业。

有限合伙是公司的一种组织形式，由有限合伙人（LP）与普通合伙人（GP）共同组成。其中，普通合伙人负责执行合伙企业事务，对外代表合伙企业，对合伙企业债务承担无限制责任；有限合伙人不参与企业的经营管理，以其出资为限承担责任。

运用到股权激励中，创始人股东作为普通合伙人（GP）对外代表企业，负责企业事务执行。其他被授予股权激励标的对象为有限合伙人（LP），不参与经营管理。由于有限合伙企业的事务是由普通合伙人来控制的，有限合伙人是不能参与有限合伙企业的经营管理和决策的，因此创始股东也就控制了这个有限合伙企业所持有的目标公司的表决权。

蚂蚁金服采取的就是这种方式（见图 6-1）。根据阿里巴巴公示的资料显示，马云在蚂蚁金服持有的股权比例不超过 8%，但是马云通过自己的独资公司杭州云铂投资咨询有限公司以普通合伙人（GP）的身份控制杭州的两家有限合伙企业，杭州君澳投资有限合伙企业和杭州君瀚投资有限合伙企业。这两家有限合伙企业的有限合伙人（LP）分别是阿里员工和阿里巴巴的湖畔合伙人。由于这两家有限合伙企业在蚂蚁金服持有不少于 67% 的股份，马云因此能够

以不超过 8% 的股权比例实现对蚂蚁金服的绝对控制。

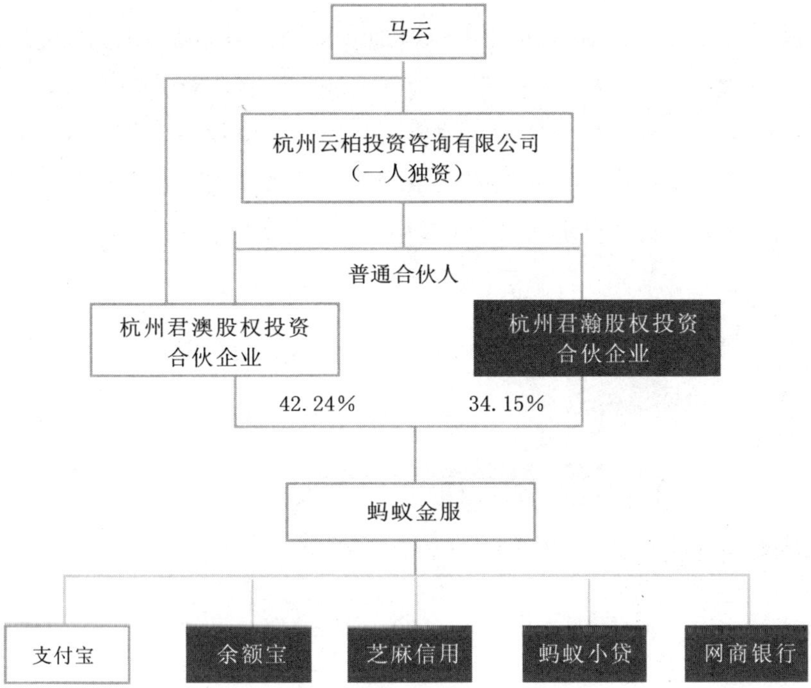

图 6-1　蚂蚁金服的股权架构

绿地集团也曾采用这种方式，继受职工持股会的全部资产，实现管理层对公司的实际控制。

2014 年 1 月 27 日，绿地集团管理层成员共 43 人投资成立了上海格林兰投资管理有限公司（下称“格林兰投资”），注册资本为 10 万元，法定代表人是绿地集团董事长兼总经理张玉良。

2014 年 2 月，由格林兰投资作为唯一普通合伙人，成立上海格林兰壹投资管理中心、上海格林兰叁拾贰投资管理中心等 32 家有限合伙企业（下称“小有限合伙企业”）。其中格林兰投资只在每个企业象征性出资 1000 元，在 32 家企业共出资 3.2 万元。

2014 年 2 月 19 日，大有限合伙上海格林兰投资成立（下称“大有限合伙”)，其中格林兰投资是企业法人且为有限合伙唯一的普通合伙人，上述32家小有限合伙公司为有限合伙人。

2014年3月，大有限合伙与上海绿地（集团）有限公司职工持股会（“职工持股会”）签署《吸收合并协议》。根据该协议，吸收合并完成后，职工持股会解散，由上海格林兰投资作为绿地集团股东，对外代表企业，继受职工持股会的全部资产，包括员工持有的股权激励股份，债权债务及其他一切权利、义务，参与所有重大资产重组（见图6-2）。

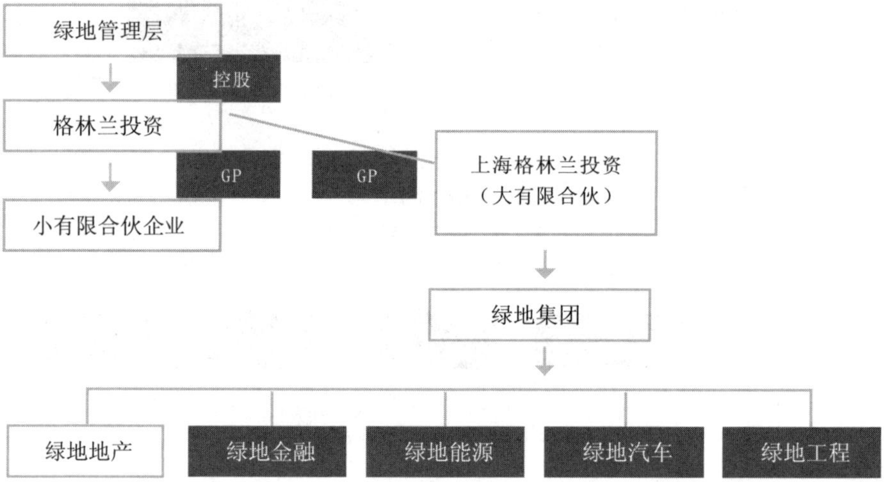

图6-2 绿地集团股权架构

设置持股载体这种方式除了能把其他小股东的股权归集在一起，如果公司有员工期权的计划的话，也可以通过这种方式把员工期权所对应的股权设一个持股载体，将这个持股载体在目标公司所对应的表决权放在创始股东手下。

另外，通过设置持股载体，创始团队的小股东，持有股权激励标的的对象，公司预留出来的用于股权激励计划和期权计划的这一部分股权都可以集中在创始人手上，这样一来，虽然创始人自身的股权可能低于50%，但是他的表决权是可以高于50%的，这样也能够继续实现创始人在公司股东会层面的表决权。

6.2 不让公司控制权旁落的股权激励八定法

毫无疑问，股权激励是促进企业长期发展的一种重要手段，但如何让激励效应与控制权兼得，管理者需要从方案设计入手，以控制权为核心，考虑股权激励的模式、对象、数量、价格、来源、条件、时间、机制，最终形成员工个人利益和公司利益相匹配的所有权、收益权、控制权和管理权关系。

6.2.1 定模式

实践中常用的股权激励模式不外乎以下几种：期权、虚拟股权、股票增值权、限制性股票（见图 6-3）。

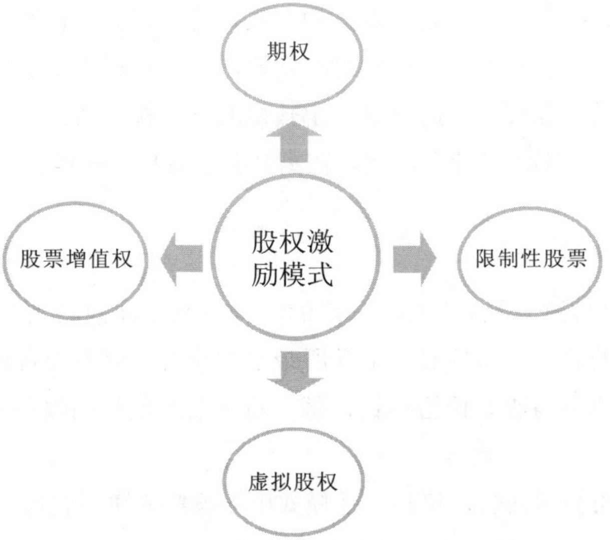

图 6-3　股权激励模式

1. 期权

期权又称选择权，是国际上最为经典、使用最为广泛的股权激励模式。是指企业所有者授予激励对象（如高管人员、技术骨干）购买本公司股票的选择权。具有这种选择权的人，可以在规定的时期内（锁定期）以事先约定好的价格（行权价）购买公司一定数量的股票（此过程称为行权）。也可以放弃购买的权利，但期权本身不能转让。

2. 限制性股票

限制性股票是指事先授予激励对象一定数量的公司股票，但对股票的来源、出售条件做出限制，只有在激励对象的工作年限或业绩目标符合股权激励计划规定条件后，才可出售限制性股票并从中获益。

限制性股票的特点主要体现在限制条件上，一是获得条件，二是出售条件。但一般来看，出售条件是重点。

3. 虚拟股权

虚拟股权是指公司模拟股票发行的方式，将公司的净资产分割成若干相同价值的股份，结合企业的经营目标对其定价，是一种形式上的虚拟。授予“虚拟”股票的激励对象可以据此享受一定数量的分红权和估价升高收益，但没有所有权和表决权，不能转让和出售，在离开企业时自动失效。

4. 股票增值权

股票增值权是公司给予激励对象的一种权利，获授者可以在规定时间内获得一定数量的股票，享受股价上升所带来的收益，但不拥有这些股票的所有权。获授者的收益与股票价格挂钩，每一份股票增值权的收益 = 股票市价 - 授予价格。

对于非上市公司而言，可将上述模式中的股票变通为股份。

具体到运用中，究竟要如何选择股权激励模式，我们可以考虑三个因素：

激励效应、控制权影响、适用公司（见图 6-4）。

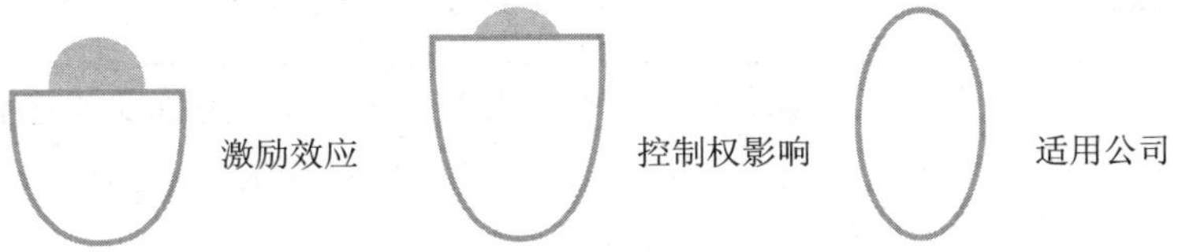

图 6-4　股权激励模式选用考虑的因素

现实中，各模式的激励效应取决于公司的股票价格。举例来说，一家上市公司授予财务经理 1 万股股票期权，执行价格为每股 30 元，授予销售经理 3500 股限制性股票。3 年后，财务经理可能会执行所有的期权买入股票，而销售经理也能够出售所有的限制性股票。如果 3 年后股票价格升至 60 元，财务经理将获得 30 万元的税前收入，而销售经理通过出售股票将获得 21 万元的税前收入。如果股价 3 年后跌至 15 元，财务经理持有的股权将不值得执行，而持有限制性股票的销售经理通过出售股票将获得 52500 元的税前收入。由此可见，股票市价的变动直接决定了两者的收益。

但对公司控制权的影响，各种模式又都是固定的（见表 6-1）。

表 6-1　股权激励各模式对控制权的影响

模式	对公司控制权的影响
期权	期权获授者的行权会分散股权，打破公司原有的股权结构，影响原股东对公司的控制权
限制性股票	限制性股票的获授者持有的是公司实际股权，会影响创始人对公司的控制权

续表

模式	对公司控制权的影响
虚拟股权	虚拟股权持有者只享受分红权，不享受普通股东的表决权、分配权等，不影响企业的资本总额和股东结构，不影响原股东对企业的控制权
股票增值权	享有股票增值权的激励对象不实际拥有股票，也不拥有股东表决权、配股权、分红权等，因此不影响原股东对公司的控制权

就适用的公司的而言，各模式也是不同的（见表6-2）。

表6–2　股权激励各模式的适用公司

模式	适用公司
期权	期权常在企业价值看涨的情况下授予，因此，成长性好、具有发展潜力的企业比较适合
限制性股票	限制性股票的特点主要体现在限制条件上，适合业绩不佳或处于产业调整过程中的企业
虚拟股权	虚拟股权模式下企业分红意愿强烈，适合现金流量充裕的公司
股票增值权	股票增值权模式下，公司业绩要求与现金压力大，因此适合现金流充裕且业绩稳定的公司

企业可根据实际情况选择不同的模式，但出于激励效应和控制权兼得的考虑，在实施期权激励和限制性股票激励时，可采取持股平台＋期权或持股

平台 + 限制性股票模式，让激励对象通过预先设定的持股平台，间接持有企业的股份，同时把持股平台所对应的表决权归集在创始股东手中，以实现股权激励下的分股不分权。

6.2.2 定对象

定对象是指确定股权激励的受益人，也就是确定激励对象的范围。

1. 确定原则

确定股权激励需要把握四个原则（见图 6-5）。

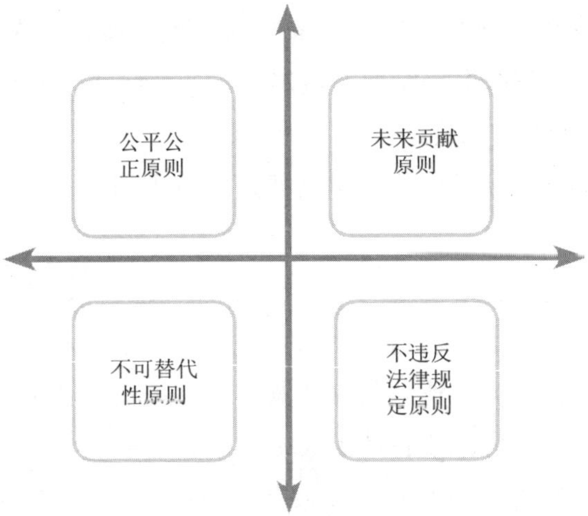

图 6-5　确定激励对象的原则

（1）公平公正的选择原则。

成为股权激励对象，意味着未来可能获得一笔可观的收益，如果不能公平公正，可能导致公司内部员工情绪对立，不利于公司管理。一般来说，大多数员工都希望成为被授予的对象。因此，在确定激励对象时，一定要坚持公平公正的原则，不掺杂私人感情，不区别对待，在客观评价的基础上，对同等岗位上的员工，给予同样的待遇。如果纳入股权激励计划，应该是该同等岗位上的员工全部纳入。

（2）不可替代性原则。

由于股权激励计划授予的股份是有限的，它不可能成为一种人人参与的计划，为了让有限的股份有效地发挥作用，必须限制激励对象的人数。因此，在选择激励对象时，必须把握最重要的一个原则：不可替代性原则。如果一个员工的工作是其他员工无法替代的，这样的人才在现有的市场上也很难招募到，或者即使能招募到但却需要花费较高的成本培养，说明该员工具有不可替代性，应该纳入股权激励对象范围。

（3）未来贡献的原则。

股权激励和公司发奖金不一样，公司发奖金，侧重考虑员工的历史成绩，但股权激励主要考虑激励对象对公司未来的贡献。所以，在选择激励对象时，要考虑到激励对象对公司未来发展有可能做出的贡献大小。

（4）不违反法律规定原则。

上市公司对股权激励对象的确定需要遵守《上市公司股权激励管理办法》，具体如下：

激励对象可以包括上市公司的董事、高级管理人员、核心技术人员或者核心业务人员，以及公司认为应当激励的对公司经营业绩和未来发展有直接影响的其他员工，但不应当包括独立董事和监事。在境内工作的外籍员工任职上市公司董事、高级管理人员、核心技术人员或者核心业务人员的，可以成为激励对象。单独或合计持有上市公司 5% 以上股份的股东或实际控制人及其配偶、父母、子女，不得成为激励对象。

下列人员也不得成为激励对象：

最近 12 个月内被证券交易所认定为不适当人选；

最近 12 个月内被中国证监会及其派出机构认定为不适当人选；

最近 12 个月内因重大违法违规行为被中国证监会及其派出机构行政处罚或者采取市场禁入措施；

具有《公司法》规定的不得担任公司董事、高级管理人员情形的；

法律法规规定不得参与上市公司股权激励的；

中国证监会认定的其他情形。

非上市公司不受法律限制，可根据企业实际情况及人才选用原则确定激励对象范围。

2. 确定激励对象的范围

股权激励对象应该是对公司具有战略价值的核心人才，一般来说，包括管理层人员、核心技术人员、有突出贡献人员和优秀员工，同时还要考虑法律限定。

核心人才一般指拥有关键技术、控制关键资源、掌握核心业务、支持企业核心能力，能够帮助企业实现公司战略目标和保持、提高公司的竞争优势，或能够直接帮助主管提高管理能力、经营能力和企业抵御风险的能力的员工，包括高管类、技术类、营销类现有人员和未来需要引进的人员（见图6-6）。

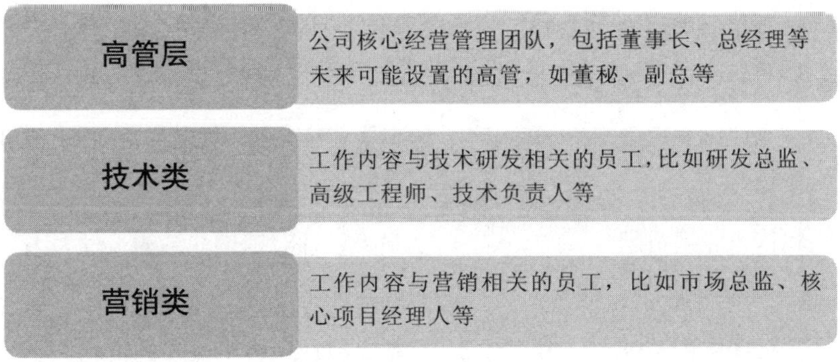

图6-6 核心人才范围

具体实施过程中，我们可以利用人才评价模型，从岗位价值、素质能力、历史贡献三个方面来评测激励对象（见表6-3）。

表 6-3　人才评价模型

维度	序号	因素名称	因素权重（%）	因素含义
岗位价值	1	战略影响	10	岗位所能影响到的战略层面和程度
	2	管理责任	10	岗位在管理和监督方面承担的责任大小
	3	工作负责性	10	岗位工作中所面临问题的复杂性
	4	工作创造性	10	岗位在解决问题时所需要的创造能力
素质能力	5	专业知识能力	15	员工所具有的专业知识能力的广度和深度
	6	领导管理能力	15	员工所具有的领导管理能力水平
	7	沟通影响能力	10	员工所具有的沟通及影响他人能力的水平
历史贡献	8	销售业绩贡献	7	员工以往对销售业绩的贡献大小
	9	技术进步贡献	7	员工以往对技术进步的贡献大小
	10	管理改进贡献	6	员工以往对管理改进的贡献大小

或者也可以拟定分数标准，人才价值得分高于该分数标准的人员可以进入股权激励计划，成为激励对象（见图 6-7）。

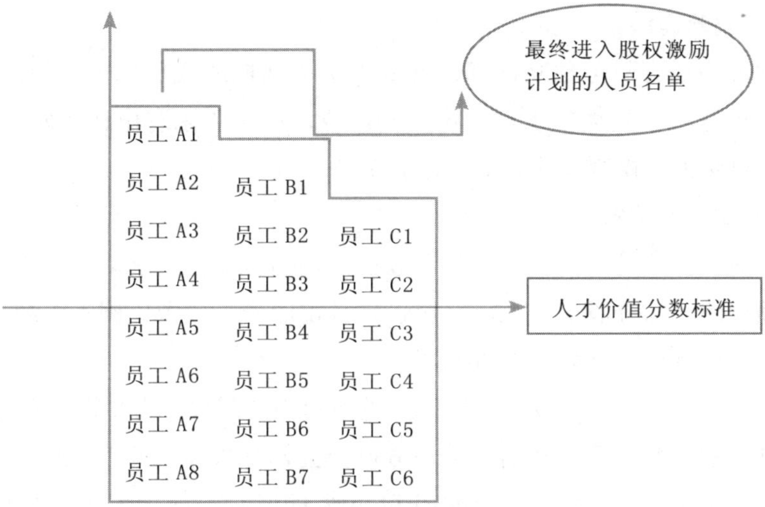

图 6-7　分数评价标准模型

6.2.3 定来源

定来源包括确定实施股权激励计划需要的股票或股份来源，即激励标的来源，和确定激励对象购股资金的来源。

1. 股权激励标的来源

在遵守《上市公司股权激励管理办法》的前提下，结合实务经验，上市公司可采取的激励标的来源有如下几种（见图 6-8）：

图 6-8　上市公司激励标的来源

（1）股东提供。

这种方式适合财务独立核算、行业处于成熟期或成长期末端的法人实体，实施的前提是不影响大股东对公司控制地位，以及股东有出让激励标的意愿，即大股东自愿为股权激励计划提供标的来源。

（2）期权池预留。

期权池，也就是我们常说的预留股份，是指企业在融资前为未来引进高级人才而预留的一部分股份。上市公司设置预留股份，预留比例不得超过本次股权激励计划拟授予权益数量的20%。

期权池预留会稀释原股东的股份，进而影响控制权，需要提前做好规划。

举例说明，某企业融资前的估值600万元，如果VC投资400万元，那么企业融资后估值为1000万元，VC获得40%的股权，创始团队获得60%的股权。但VC要求企业在投资前预留出20%的期权池，那么企业的股权结构将变为：VC持股40%，创始团队持股40%，20%的未分配期权。也就是说，创始团队要拿出自己的20%作为以后股权激励的来源。

（3）增发新股。

增发新股，是指上市公司原有留存股票不足以满足激励对象之所需，向证监会申请发行一定数量的新股以弥补缺口。

增发新股不会增加公司的现金支付压力，而且行权后公司的资本金还会有一定程度上的增加，是上市公司解决激励标的来源的一种常用方式。

例如，2014年1月，汉鼎信息科技股份有限公司推出的股票期权激励计划，即通过向激励对象定向增发新股作为计划的股票来源。

（4）回购公司股份。

在符合法律规定的前提下，经股东大会决议通过，上市公司可回购本公司股份用于股权激励。

（5）二级市场购买。

通过二级市场购买股票是比较通行的做法。比如苏宁云商委托安信证券设立定向资产管理计划，通过二级市场购买股票，获得激励标的来源。

非上市公司的股权激励标的来源，除了股东提供、期权池预留、股份回购外，还包括增资扩股。

公司召开股东会，经代表2/3以上表决权的股东通过后，非上市公司可采用增资扩股方式解决股权激励标的来源问题。

2. 购股资金来源

受法律限制，上市公司不得为激励对象依股权激励计划获取有关权益提供贷款以及其他任何形式的财务资助，包括为其贷款提供担保。因此，上市公司股权激励对象购买激励标的的资金来源主要有以下3种（见图6-9）。

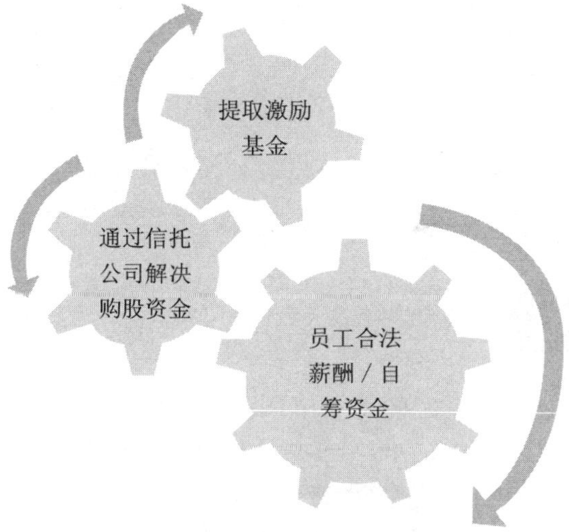

图6-9　购股资金来源

（1）员工合法薪酬、自筹资金。

公司在设定股权激励标的价格时，会考虑到员工的实际薪资收入，并给予优惠价格，一般要求自筹资金购买，所以，合法薪酬就成了主要途径。但在很多情况下，员工可能不愿意自掏腰包购买，这时候在征得员工同意的前提下，公司也可以考虑从其工资或奖金中扣除一部分，作为购买股权激励标的资金。

（2）提取激励基金。

经股东大会同意后，公司可以从税后利润中提取专门用于股权激励计划的激励基金。

（3）通过信托公司解决购股资金。

公司将资金委托给信托公司，信托公司成为信托资金名义上的所有人，公司成为信托的委托人同时也是受益人，信托公司将资金贷给激励对象，激励对象购买公司股票；或者公司将资金委托给信托公司，并指定资金专门用于购买公司股票，并设定公司与激励对象为共同受益人。信托生效后，信托公司成为目标公司名义上的股东，行使股东权利，并获得股东收益。在扣除相关的费用和报酬后，信托公司将股东收益按事先的约定比例和条件分别支付给公司和激励对象。

对非上市公司而言，法律并没有限制公司为激励对象提供借款或担保，因此，除了上述三种方式，由公司借款或担保也是解决购股资金来源的一种方式。

例如，华为在历次的股权激励中，都会考虑到员工的购买能力，如果新员工的年度奖金不够派发的股票金额，将由公司提供担保，帮助员工获得银行贷款购买股权。

6.2.4 定额度

定额度包括确定股权激励的总额度和个人额度（见图 6-10）。

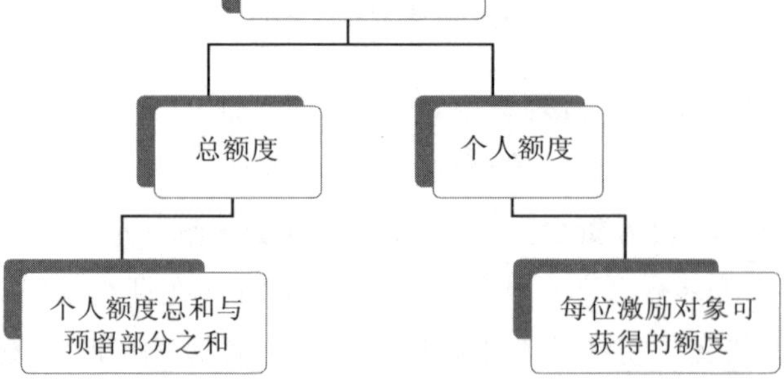

图 6-10　股权激励额度

1．确定总额度

股权激励总额度的确定，应该考虑以下关键因素（见图 6-11）。

图 6-11　确定股权激励总额度的因素

（1）法律的强制性规定

上市公司在确定股权激励总额度时需要依照法律规定进行。

根据《上市公司实施股权激励管理办法》，上市公司全部有效的股权激励计划所涉及的标的股票总数累计不得超过公司股本总额的 10%。

根据《国有控股上市公司（境外）实施股权激励试行办法》，国有控股上市公司在股权激励计划有效期内授予的股权总量累计不得超过公司股本总额的 10%，首次股权授予数量应控制在上市公司股本总额的 1% 以内。

根据《国有控股上市公司（境内）实施股权激励试行办法》，股权激励计划有效期内授予的股权总量，应结合上市公司股本规模的大小和股权激励对象的范围、股权激励水平等因素，在 0.1% ～ 10% 之间合理确定。但上市公司全部有效的股权激励计划所涉及的标的股票总数累计不得超过公司股本总额的 10%。上市公司首次实施股权激励计划授予的股权数量原则上应控制在上市公司股本总额的 1% 以内。

因此，例如，2011 年，华业地产（600240）推出 800 万股权激励，占当时激励计划签署时股本总额 6.45 亿股的 1.24%。2014 年，青岛海尔（600690）

发布了第四期股权激励计划，拟向激励对象授予权益总计 5 456 万份，涉及的标的股票种类为人民币 A 股普通股，约占当时激励计划签署时公司股本总额 272 083.59 万股的 2.01%。两家公司皆未超过股本总额的 10%。

对于非上市公司的股权激励总额度，法律没有强制性规定，公司可以根据需要自由设计，但应该考虑到激励总额度对控制权的影响。

（2）公司的整体薪酬水平。

作为员工收益的一部分，股权激励总额度需要考虑公司的整体薪酬水平。如果公司的整体薪酬水平比同行业公司高，则激励总量可以少一些；如果公司的整体薪酬水平比同行业公司低，则激励总量可以多一些，最终使股权激励所得的利益加上公司薪酬及福利水平达到或者超过同行平均水平。

（3）公司设定的业绩目标情况。

正所谓“重赏之下必有勇夫”，股权激励总额度的确定，还需要考虑公司设定业绩目标的难易程度。如果行权条件设置的业绩目标较高，达成目标的难度较大，需要激励对象付出很大努力，股权激总励额度应加大；如果业绩目标达成的难度较小，需要激励对象付出的努力较少，股权激励总额度可以适当减少。

（4）公司股东的分享精神

股权激励涉及到公司现有股东股份的稀释和权利让渡，因此，激励总额度的大小和股东意愿关系很大。一般来说，具有分享精神和长远眼光的股东，让渡股权的意愿更大，相应地激励总额度也会大一些，反之，则少一些。当然，着眼长远利益而合理地放弃部分眼前利益，股东还要考虑到对控制权的影响及留存股票的最高额度（现有股东所能忍受的股权稀释的最大程度）等问题。

例如，华为截止到目前，已经进行了四次股权激励，大部分股份都分给了员工，创始人任正非实际持有华为的股权仅有 1.01%，这种大格局的分享精神不仅让华为吸引和聚集了一批国内顶尖的研发与管理人才，也让华为人成为最早富裕起来的一群知识分子。类似的企业家还有很多，像牛根生、马云、柳传志、何享健等。他们舍得与创业伙伴和优秀职业经理人分享企业发展的红利，舍得与他们分享手中的权利。凭借这种分享精神，他们身边牢牢集聚了一批优秀的骨干和优秀职业经理人，使企业在各自所在的领域都颇有建树。

（5）公司的规模和发展阶段。

一般来说，如果公司的规模较大，发展阶段较高，股权激励总量可以小一些。因为公司体量大、发展稳定，尽管股权激励的比例小，但绝对金额并不小，足够产生有效的激励作用。如果公司规模较小，发展阶段较低，股权激励总量应该大一些，否则绝对金额太小，难于产生有效的激励作用。

（6）其他因素。

除了以上5个因素，公司股权激励总额度的确定，还要考虑拟激励对象人数的多少、竞争对手的激励程度、公司资本运作战略、人力资本依附性强弱、母公司意愿等。

第一，一般而言，股权激励总额度的大小和激励对象总人数多少相对应。如果人数多，为了使每个激励对象得到一定数量的股权，从而产生积极的激励效果，激励总额度就要大一些；反之，就要少一些。

第二，如果同行业类似规模的企业激励额度较大，为了防止人才外流，也为了吸引优秀人才长期为公司服务，公司的激励总额度也应该大一些。

第三，股权激励总额度的确定，还需要考虑公司资本运作战略，例如公司未来的股权融资、并购收购、上市等需要占据的股份数量，由此推算股权激励总量。

第四，人力资本依附性强弱。对于一些人力资本依附性强、具有发展潜力、成长性好、资金门栏较低的高科技公司、互联网公司，为了留住核心人才，股权激励的总量应大一些；相反，股权激励的总量可以少一些。

第五，母公司的意愿。处于控制权考虑，上市公司或有上市计划的公司的控股子公司，要确保实施股权激励之后，母公司仍拥有其过半数以上（不包括半数）权益性资本，因此，母公司的出让意愿也是决定股权激励总额度大小的因素。

第六，预留股份。股权激励总额度的确定需要一个整体的规划，除了现有激励对象的总额度，还要考虑预留部分股权，作为后续股权激励来源的储备。

2. 确定单个激励对象额度

企业在确定单个激励对象额度时，应该考虑以下因素（见图 6-12）。

图 6-12　确定单个激励对象额度的因素

（1）法律的强制性规定。

根据《上市公司实施股权激励管理办法》，非经股东大会特别决议批准，任何一名激励对象，通过全部有效的股权激励计划获授的本公司股票，累计不得超过公司总股本的 1%。

根据《国有控股上市公司（境外）实施股权激励试行办法》，在股权激励计划有效期内任何 12 个月期间，授予任一人员的股权（包括已行使的和未行使的股权）超过上市公司发行总股本 1% 的，上市公司不再授予其股权。因此，上市公司单个激励对象累计额度不得超过公司股本总额的 1%。在股权激励计划有效期内，高管人员预期股权激励收益水平原则上应控制在其薪酬总水平的 40% 以内。高管人员薪酬总水平应根据本公司业绩考核与薪酬管理办法，并参考境内外同类人员薪酬市场价位、本公司员工平均收入水平等因素综合确定。各高管人员薪酬总水平和预期股权收益占薪酬总水平的比例应根据上市公司岗位分析、岗位测评、岗位职责按岗位序列确定。

根据《国有控股上市公司（境内）实施股权激励试行办法》，在股权激励计划有效期内，高级管理人员个人股权激励预期收益水平，应控制在其薪酬总水平（含预期的期权或股权收益）的 30% 以内。高级管理人员薪酬总水平应参照国有资产监督管理机构或部门的原则规定，依据上市公司绩效考核与薪酬管理办法确定。因此，上市公司在确定单个激励对象额度时，需符合法律的强制性规定。

对于非上市公司而言，法律没有规定，董事会可以灵活设定，但单个激励对象的获授额度不应对创始人的控制权构成压力。

（2）兼顾公平和效率。

企业在确定单个激励对象额度时，要注意合理分配。高层管理人员、中层管理人员、核心技术（业务）骨干所占股权激励份额的比例，应该能够体现公平公正原则。高管所占比例不能过高，以免使激励对象产生不公平感；同时，还要兼顾效率原则，在具体的授予额度上，应该按照其对公司的贡献和重要性来确定，体现出一定的区别。

（3）实际薪酬水平。

在公司内部，员工的薪酬水平一般都是根据其实际能力、对公司的重要程度来确定的。因此，激励对象的授予额度，也应该与其之前的薪酬情况相适应，而不应该出现薪酬与激励额度倒挂现象，即薪酬水平低的激励对象，所获得的激励股份份额反而超过了薪酬水平高的激励对象的情况。

（4）激励对象的心理预期。

对于激励额度，每个人的心理预期是不同的。有的人期望值较高，如果给予的股权激励额度太少，起不到激励作用；有的人小富即安，可能较少的额度就能起到激励作用。因此，公司在确定单个激励额度前，应该考虑到这一因素，适当征求激励对象的意见。

（5）其他因素。

除此之外，激励对象的不可替代性、职位高低、业绩表现、工作年限也是考虑的因素。一般而言，激励对象的不可替代性越高、职位越高、业绩表现越好，所获得的激励份额越多，反之亦然。激励对象在公司工作年限越长，说明其对工作的忠诚度越高，对公司的贡献越大，所获得的激励份额也因该相应增多，反之亦然。

3. 实际操作

具体操作中，我们可以按照以下步骤确定股权激励额度（见图6-13）。

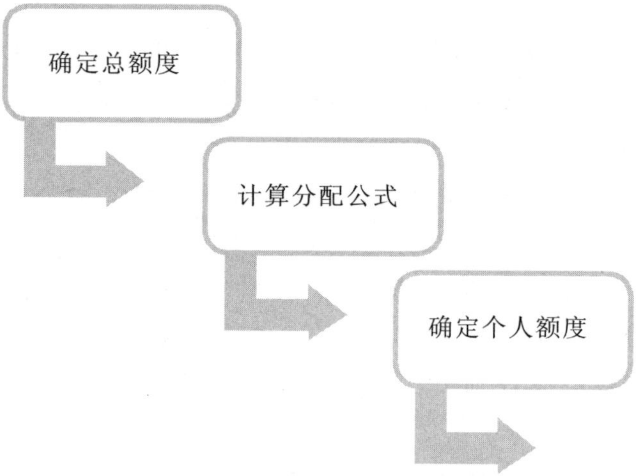

图 6-13　确定股权激励额度的步骤

第一步，确定激励股份的总额度。

第二步，设计不同的分配公式。

把员工分为高级管理层、中级管理层、核心技术人员层、核心营销人员层、基层人员 5 个层级，根据各层级的重要性，设计出不同的分配公式。

比如，高管个量分配方式如下：

个人激励额度＝本岗位层级激励总量 × 个人分配系数 ÷ 总分配系数

个人分配系数＝司龄系数 ×40%＋工资系数 ×60%

总分配系数＝∑个人分配系数

工资系数反映激励对象的相对工资水平，具体操作时先将某一水平的工资系数标准化为 1，其余激励对象的工资系数做同比例调整。例如，设平均工资 4000 元为工资系数，如某员工月工资为 2000 元，则其个人工资系数为 2000/4000=0.5；如某员工的月工资为 8000 元，则该员工的工资系数为 8000/4000=2。其司龄系数规定如表 6-4。

表 6–4 司龄系数规定

入职年数（Y）	1≤Y≤3	3＜Y≤5	5＜Y＜10	10≤Y
司龄系数	1	1.1	1.25	1.5

第三步，确定个人额度。

设计好不同的分配公式后，我们即可以计算出各个岗位应该授予的激励额度。

例如，某公司为高级管理层分配的总激励额度为 4 万股，该公司以平均月公资 4000 元为工资系数 1，其中一名高管在公司任职 4 年，月工资 10000 元，则其个人分配系数为 1.1×40%+（10000/4000）×60%=1.94；另一高管在公司任职 6 年，月工资 12000 元，则其个人分配系数为 1.25×40%+（12000/4000）×60%=2.3。假设该岗位的总分配系数为 4.8，则这两位高管获得的个人激励额度分别为 1.62 万股和 1.92 万股，具体计算如下：4×1.94÷4.8=1.62，4×2.3÷4.8=1.92。

事实上，在股权激励额度分配的计算过程中，由于公司和激励对象个性化因素多且复杂，实际上是难以用一种方法或一次测算来保证分配的合理性，常常需要在第一次确定个量之后，由公司领导根据激励对象实际情况进行适当调整，根据调整情况，进行第二次甚至第三次测算，最终确定分配个量。

6.2.5 定条件

定条件是指设定股权激励计划的行权条件，包括公司业绩考核条件和个人绩效考核条件。

1. 公司业绩考核条件

对公司业绩的考核有财务指标和非财务指标，如企业在资本市场的股价增幅、净资产的增长率、净利润增长率等。

例如，汉鼎股份规定的行权业绩条件包括净利润增长率和加权平均净资产收益率见表 6-5。

表 6–5 行权业绩条件

行权期	业绩指标
第一个行权期	2014 年度较 2013 年度的净利润增长率不低于 30%；2014 年度的加权平均净资产收益率不低于 11.40%
第二个行权期	2015 年度较 2013 年度的净利润增长率不低于 69%；2015 年度的加权平均净资产收益率不低于 13.10%
第三个行权期	2016 年度较 2013 年度的净利润增长率不低于 102.80%；2016 年度的加权平均净资产收益率不低于 13.74%
第四个行权期	2017 年度较 2013 年度的净利润增长率不低于 143.36%；2017 年度的加权平均净资产收益率不低于 14.33%

除此之外，股票期权等待期内，归属于上市公司股东的净利润及归属于上市公司股东的扣除非经常性损益的净利润均不得低于授权日前最近三个会计年度的平均水平且不得为负。

2. 个人绩效考核条件

个人绩效考核是指公司对员工行为和业绩进行评估，以确定是否满足股权激励计划的授予或行权条件。常见的考核方法有平衡积分卡（BSC）、关键绩效指标（KPI）、360 度考核法等（见图 6-14）。

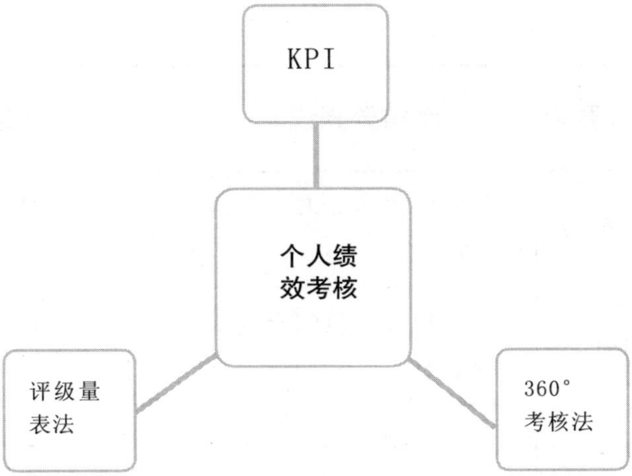

图 6-14　常见的绩效考核方法

（1）评级量表法。

评级量表法是最古老的，也是最常用的考核方法之一。根据考核目标，把员工的绩效分成若干项目，每个项目后设一个量表，由考核者对员工做出评价和记分，如表 6-6 所示。

表 6–6 评级量表法

考核项目	考核要素	考核要素说明	评定登记
基本能力	知识	现任职务所需的基础理论知识和业务知识	A、B、C、D、E　10、8、2
	理解能力	理解上级要求，完成本职工作任务	A、B、C、D、E　10、8、2
	判断能力	根据实际情况，应变和处理本职工作	A、B、C、D、E　10、8、2

续表

考核项目	考核要素	考核要素说明	评定登记
业务能力	表达能力	口头表达、书面表达达到本职工作要求	A、B、C、D、E 10、8、2
	协作能力	与相关人员配合的能力和效果	A、B、C、D、E 10、8、2
	执行能力	贯彻战略意图，完成预定目标的操作能力	A、B、C、D、E 10、8、2
工作态度	主动性	工作积极主动，不拖沓	A、B、C、D、E 10、8、2
	责任感	对本职工作尽职尽责，为公司利益着想	A、B、C、D、E 10、8、2
评定标准 A：优秀 B：良好 C：合格 D：基本合格 E：差		分数换算（满分 80 分） 72 分以上 64 ～ 71 分 56 ～ 63 分 48 ～ 55 分 47 分以下	合计分： 评语： 评定人：

（2）关键绩效指标（KPI）。

关键绩效指标（KPI），是指通过对企业内部某一流程的输入端、输出端的关键参数进行设置、取样、计算、分析，衡量流程绩效的一种目标式量化管理指标，是把企业的战略目标分解为可运作的远景目标的工具，是企业绩效管理系统的基础。

KPI 分为业绩指标、任务指标、行为指标和能力指标，是对公司绩效可控部分和经营活动的衡量。

确定关键绩效指标的一个重要原则是 SMART 原则，SMART 是 Specific（具体）、Measurable（可度量）、Attainable（可实现）、Relevant（相关性）、Time-based（有时限）5 个英文单词首字母的缩写（见图 6-15）。

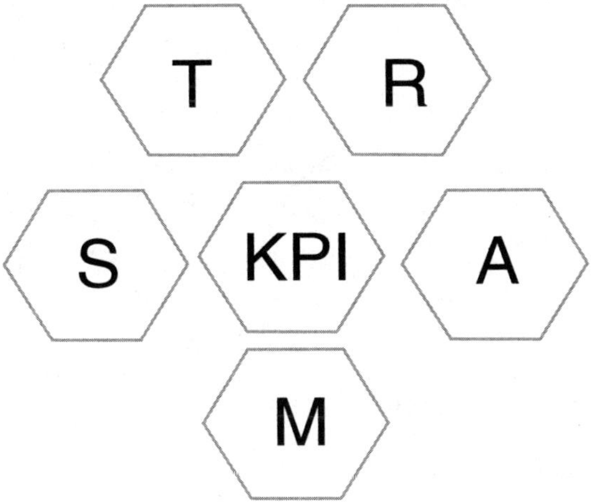

图 6-15　SMART 原则

S	绩效考核要切中特定的工作指标，不能笼统
M	绩效指标是数量化或者行为化的，验证这些绩效指标的数据或者信息是可以获得的
A	绩效指标在付出努力的情况下可以实现，避免设立过高或过低的目标
R	年度经营目标的设定必须与预算责任单位的职责紧密相关，它是预算管理部门、预算执行部门和公司管理层经过反复分析、研究、协商的结果，必须经过他们的共同认可和承诺

续表

T	注重完成绩效指标的特定期限

KPI 的实施，通常经过以下四个步骤（见图 6-16）。

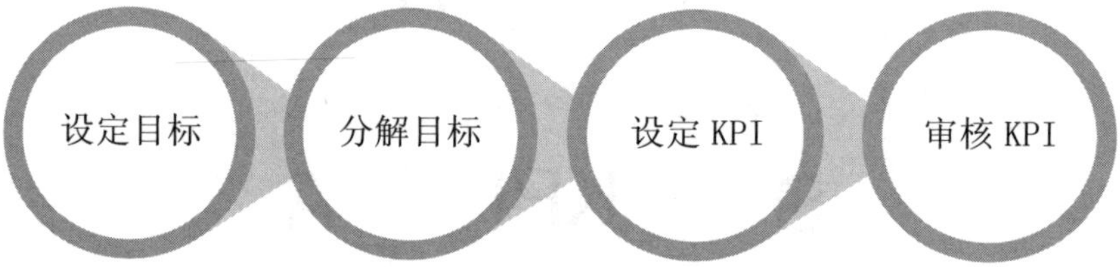

图 6-16　KPI 实施的步骤

第一步，建立企业的战略目标。

第二步，各部门的主管依据企业实际情况和部门职责分工，将战略目标分解为部门级 KPI，并对相应部门的 KPI 进行分解，确定相关的要素目标，分析绩效驱动因数（技术、组织、人），确定实现目标的工作流程，分解出各部门级的 KPI，确定评价指标体系。

第三步，待指标体系确立之后，从部门职责、岗位职责中提取成功、关键要素，并通过精简、调整、分类、赋值等一系列措施转化成关键绩效指标，KPI 权重通常最小不小于 5%，最大不超过 30%，权重一般为 5 的倍数。

最后，对关键绩效指标进行筛选审核，通过相关性分析，剔除不合理指标或重复指标，使其精简化，确保关键绩效指标能够全面、客观地反映被评价对象的绩效，而且易于操作。参见表 6-7。

表 6–7 某公司技术部关键绩效考核指标

序号	KPI 指标	考核周期	指标定义 / 公式
1	工作目标按计划完成率	年度	实际完成工作量 / 计划完成工作量 ×100%
2	技术创新使标准工时降低率	年度	（改进前标准工时 - 改进后标准工时）/ 改进前标准工时 ×100%
3	技术创新使材料消耗降低率	年度	（改进前工序材料消耗 - 改进后消耗）/ 改进前工序材料消耗 ×100%
4	技术改造费用控制率	年度	技术改造发生费用 / 技术改造费用预算 ×100%
5	重大技术改进项目完成数	年度	当期完成并通过验收的重大技术改进项目总数
6	技术服务满意度	年度	对技术服务对象进行随机调查的技术服务满意度评分的算数平均值
7	外部学术交流次数	年度	当期进行外部学术交流的次数
8	内部技术培训次数	年度	考核期内进行内部技术培训的次数

（3）360 度考核法。

360 度考核法又称为全方位考核法，是指员工通过自我评估、上下级评估、客户评估、同事评估，知晓各方面的意见，清楚自己的长处和短处，了解工作绩效，进而达到提高自己，完成工作目标的目的。是一种比较全面、完整的考核方法（见图 6-17）。

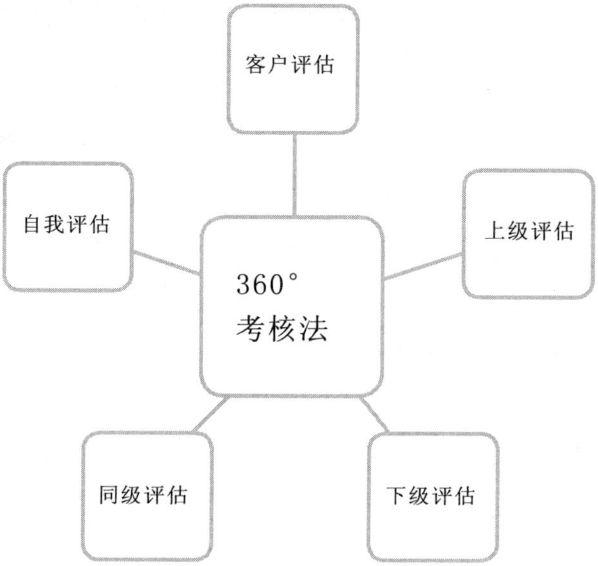

图 6-17　360 度考核法

360 度考核法最大的优点就是全面、完整，打破了由上级考核下属的传统考核制度，避免传统考核中极容易发生的“光环效应”、“居中趋势”、“偏紧或偏松”、“个人偏见”和“考核盲点”等现象，较为全面地反映出不同考核者对于同一被考核者不同的看法，有利于被考核者从多个方面提升能力。其次，这种考核方法提升了员工的参与感，更容易激发员工工作积极性。但同时，360 度考核法需要动用多人参与考核，会耗费很多时间，带来考核成本增加。由于涉及到员工之间的评价，如果某些员工将工作上的问题上升为个人情绪，可能借考核机会“公报私仇”，使其成为发泄私愤的途径。另外，360 度考核法的执行，需要对所有员工进行考核制度培训，实现难度大。

360 度考核法的实施一般应遵循以下步骤（见图 6-18）。

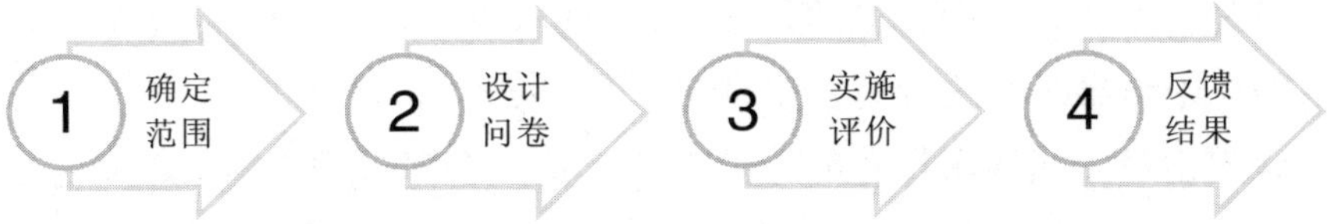

图 6-18　360 度考核法实施步骤

第一步，确定使用范围。

360 度考核法涉及到员工自己、上司、同事、下属、顾客等多个考核者，比较全面。但并不是所有考核对象都适用这种方法。只有确定其使用范围，才能将有限的资源在已经确定的范围内发挥出最大的作用。如果公司内部员工之间互相信任程度较低、对彼此的工作不熟悉，最好不要采用 360 度考核法。

第二步，设计考核问卷。

考核部门要设计考核问卷，通常情况下，采用等计量表、开放式问题，或综合以上两种方式的问卷形式。问卷内容一般为与被考核者工作情况密切相关的行为或共性行为。

第三步，实施评价。

企业选择与考核对象有联系的人作为评价者，进行评价，一般情况下，采用匿名评价方式。

第四步，结果反馈。

在考核完成以后，综合不同评价结果，企业管理部门应该及时提供结果反馈，包括就评价的公证性、完整性和准确性向评价者提供反馈，指出他们在评价过程中所犯的错误，以帮助他们提高评价技能；向被考核者提供反馈，帮助他们找出不足之处并分析原因，提供改进方法，提高职业能力水平。

360 度考核法的实施，要注意下面几个事项。

考核表的设计及考核者范围界定要合理。应该让熟悉情况的人，而不是所有的人都来参与考评。

避免让考核者对考核指标进行笼统的评价，而是应该给出具体的操作性定义，可以是对考核指标的含义的描述，也可以是对相关行为的频率的规定，总之，目的在于引导所有的考核者按照同样的标准进行评价。

应该根据每个层级考核者的特定观察视角，合理安排不同层级的考核者对被考核者的不同指标进行评价，而不是搞“一刀切”。即使从便捷的角度考虑，不同层级的考核者使用了相同的考核表，也应根据“熟悉者才有发言权”的原则，合理设计权重。

为防止考评标准流于形式，事先有必要对考核者进行培训，确保大家对于考核标准达成共识。如果条件允许，可以聘请第三方咨询机构，通过访谈或开放式问卷的方式收集信息，再以客观的标准，对收集到的信息进行统一编码，形成对被考核者的评价。

尽量统一指导。由于360度考核涉及人员面非常广，在信息收集阶段常常需要不同的组织者组织多个场次的现场考核才能完成，这就涉及考核过程的一致性的问题，应该尽量统一指导，避免临时更换组织者或者随意更改组织计划。

6.2.6 定价格

定价格是指确定激励对象为了获得每份激励标的而需要支付的对价。对于激励对象来说，激励标的的价格越低，对其越有利。但是，过低激励标的价格会有损股东利益。因此，在确定激励标的价格时，既要考虑激励对象的承受能力，也要考虑到保护现有股东的合法权益。

1. 上市公司股权激励价格确定

上市公司股权激励计划因为涉及公众股东的利益，所以要遵守法律的强制性规定。

上市公司在授予激励对象限制性股票时，应当确定授予价格或授予价格的确定方法。授予价格不得低于股票票面金额，且原则上不得低于下列价格较高者。

股权激励计划草案公布前 1 个交易日的公司股票交易均价的 50%。

股权激励计划草案公布前 20 个交易日、60 个交易日或者 120 个交易日的公司股票交易均价之一的 50%。

上市公司在授予激励对象股票期权时，应当确定行权价格或者行权价格的确定方法。行权价格不得低于股票票面金额，且原则上不得低于下列价格较高者。

股权激励计划草案公布前 1 个交易日的公司股票交易均价。

股权激励计划草案公布前 20 个交易日、60 个交易日或者 120 个交易日的公司股票交易均价之一。

2. 非上市公司股权激励价格确定

非上市公司股权激励标的价格的确定，可以参考以下几种方法（见图 6-19）。

图 6-19 非上市公司股权激励价格确定

现实中，企业价值的估算方法各种各样，所以，非上市公司的股权激励标的行权价格的确定也有很多种方法，企业应根据公司的实际情况和战略需要，灵活选择适当的方法处理。

6.2.7 定时间

定时间包括确定股权激励计划的有效期、授权日、等待期、可行权日和禁售期。

1. 有效期

股权激励的有效期是指从股权激励计划生效到最后一批激励标的的股份行权或解锁完毕的整个期间。实践中，企业在设定股权激励有效期时，应该考虑以下因素（见图 6-20）。

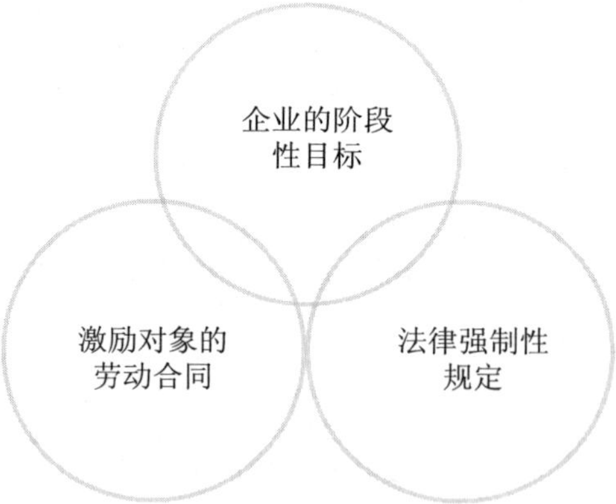

图 6-20　股权激励有效期设定的因素

（1）企业的阶段性目标。

股权激励的有效期应当与企业的阶段性目标相一致。如果企业的阶段性目标是 6 年，那么股权激励的有效期应该是 6 年或 7 年，以便企业更好地判断激励对象的努力是否达到了预期目标。如果把激励期限设定为4年或5年，那么企业就可能在不知激励对象能否最终完成目标的前提下把股权激励标的的行权完毕，这显然不利于企业战略目标计划的完成。

（2）法律强制性规定。

《上市公司股权激励管理办法》规定，股权激励计划的有效期从首次授予权益日起不得超过10年。

（3）激励对象的劳动合同期限。

股权激励对象一般的都为企业正式聘用，签订劳动合同的员工。而劳动合同都是有期限的，一般情况下，股权激励有效期不应该超过劳动合同期限，以避免激励对象劳动合同期限已满，而仍处于激励计划的有效期内的情形。

2. 授权日

股权激励的授权日是指激励对象实际获得授权（股票期权、限制性股票、虚拟股权）的日期，是股权激励的实施方履行激励计划而为激励对象所接受的时点。在决定股权激励计划等待期、行权期、失效期时，一般是以授权日为起算点，而不是以生效日为起算点。

股权激励计划的生效日，一般是指公司股东大会审议通过之日，或者证监会审批同意之日。而授权日，是在股东大会通过后，再召开董事会制定的一个具体日期。所以，授权日应当在生效日之后。

对于上市公司而言，公司股东大会审议通过股权激励计划之日起30日内，公司应当按照相关规定，召开董事会对激励对象进行授权，并完成登记、公告等相关程序；且根据《上市公司股权激励管理办法（试行）》，在下列期间内不得向激励对象授予股票。

定期报告公布前30日；重大交易或重大事项决定过程中至该事项公告后2个交易日；其他可能影响股价的重大事件发生之日起至公告后2个交易日。

对于非上市公司而言，不存在交易日与非交易日的区别，在分批集中对股权激励对象集中授权的前提下，授权日的确定可以参考以下日期（见6-21）。

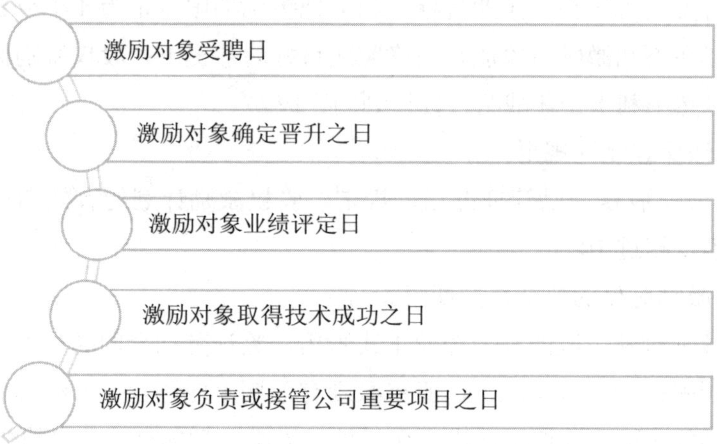

图 6-21　非上市公司确定授权日的参考日期

3. 等待期

股权激励计划的等待期，是指激励对象获得股权激励标的股份之后，需要等待一段时间，达到一系列事前约定的约束条件，才可以实际获得对激励股份或者激励标的的完全处分权。

等待期一般可分为四种类型（见图 6-22）。

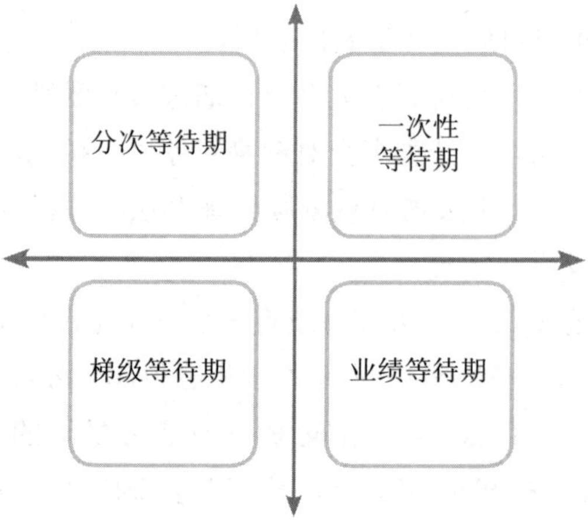

图 6-22　等待期类型

一次性等待期是指激励对象只需要等待一次，即可行使全部权利。例如，2016年6月，昆药集团（600422）限制性股票激励计划草案中的等待期就为这种形式，自股票授予之日起的12个月后的首个交易日，可解锁数量占限制性股票数量的比例为100%。

分次等待期是指激励对象分批行权、分次获得激励标的的完全处分权。例如，激励对象在满足行权条件时，分四批次行权，每次行权比例为激励标的总额的25%，等待期限分别为1年、2年、3年和4年。

梯级等待期是指激励对象所持有的股票期权每年按不同的比例获得执行权利。例如，4年的等待期前3年分别执行20%，最后1年执行40%。

业绩等待期是指当公司业绩达到某一个具体目标时，激励对象所持有的股票期权就可以全部执行。例如，公司规定，当股价、利润增长率等指标达到某一个目标时，激励对象的股票期权即获得执行权利。

等待期的时间长度，不是随意设定的，也不是单纯耗费时间的延期支付。一般而言，等待期的长度应该和公司阶段性战略目标相一致。对上市公司来说，还需遵守法律规定：限制性股票授予日与首次解除限售日之间的间隔不得少于12个月；股票期权授权日与获授股票期权首次可行权日之间的间隔不得少于12个月。

4. 可行权日

可行权日指激励对象可以开始行权的日期，是从等待期满次日起，至有效期满当日止的可以行权期间的某一天。

上市公司的可行权日必须为交易日。

非上市公司由于激励对象获得股权，需要到工商登记部门予以注册备案，如果激励对象不能在一段时间集中行权，则会导致办理工商股权登记特别繁琐。公司可以在可行权日期内，专门设立一小段时间为每年的行权窗口期，例如每年的12月份。

5. 禁售期

禁售期是指激励对象在行权后，必须在一定时期内持有该激励标的，不得转让、出售。禁售期主要是为了防止激励对象以损害公司利益为代价，抛售激励标的的短期套利行为。

在设计禁售期时，一般应考虑以下因素（见图 6-23）。

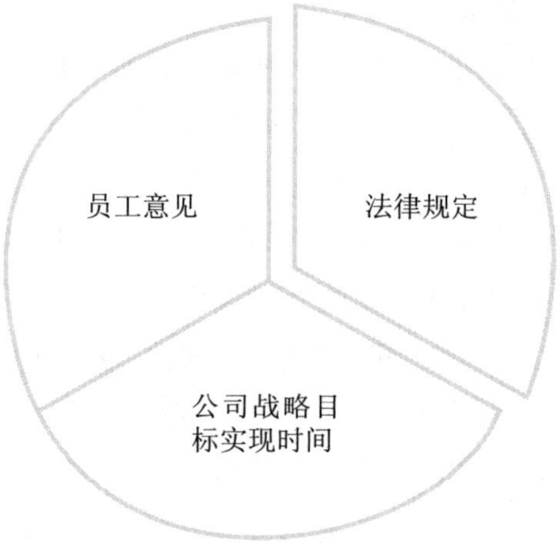

图 6-23　禁售期设定考虑的因素

（1）法律的强制性规定。

对于上市公司而言，《上市公司股权激励管理办法》规定：激励对象为公司董事、其他高级管理人员的，每年转让其所持有的公司股票，不得超过其所持有公司股票总数的 25%。在离任信息申报之日起 6 个月内，不得转让或出售其所持有的全部公司股票。在离任信息申报之日起 6 个月后，至 12 个月内，转让或出售其所持有的公司股票总数的比例不得超过 50%。

例如，汉鼎信息科技股份有限公司（300300）2014 年 1 月推出的股票期权激励计划对禁售期规定如下。

禁售期是指对激励对象行权后所获股票售出进行限制的时间段。本次股票期权激励计划的禁售期按照《公司法》和《公司章程》的规定执行，具体规定如下：

激励对象为公司董事、高级管理人员的，其在任职期间内每年转让的股份不得超过其所持有公司股份总数的25%；在离职后半年内，不得转让其所持有的公司股份。

激励对象为公司董事、高级管理人员的，将其持有的公司股票在买入后6个月内卖出，或者在卖出后6个月内又买入，由此所得收益归公司所有，公司董事会将收回其所得收益。

在本次股票期权激励计划的有效期内，如果《公司法》对公司董事、高级管理人员持有股份转让的有关规定发生了变化，则这部分激励对象转让其所持有的公司股票应当在转让时符合修改后的《公司法》和《公司章程》的规定。

汉鼎信息科技股份有限公司的禁售期规定符合法律规定。

对于非上市公司而言，没有以上强制性规定，激励对象可以依据公司章程进行转让或出售。

（2）公司战略目标实现的时间。

禁售期的时间设定要考虑公司战略目标实现需要的时间。如果战略目标实现需要较长的时间，那么对激励对象的禁售期也可以延长，以免激励对象进行套利后离开公司。

（3）员工意见。

禁售期不是越长越好。禁售期延长会引发员工心理波动，进而影响到股权激励效应的发挥。因此，如果延长禁售期，应当尊重员工的意见，以避免激励对象对于激励计划的不予认可或者出现纠纷。

6.2.8 定机制

定机制是指确定股权激励计划的变更、终止机制。

1. 变更机制

一般情况下，公司若发生控制权变动，如合并、分立，已授出的股权激励标的和股权激励计划不做变更。

若激励对象发生职务变更、离职、死亡等变化，激励计划要做出相应调整。

激励对象因个人原因不能胜任工作岗位或考核不合格导致的职务变更，经公司董事会提名，薪酬与考核委员会批准并报公司董事会备案，可以取消激励对象尚未行权的股权激励标的。

激励对象因触犯法律、违反职业道德、泄露公司机密、失职或渎职等行为严重损害公司利益或声誉而被公司解聘的，经公司董事会提名，薪酬与考核委员会批准并报公司董事会备案，可以自离职之日起取消所有尚未行权的股权激励标的。激励对象因个人原因辞职的，可以自离职之日起取消所有尚未行权的股权激励标的。

激励对象因履行职务负伤而导致其丧失劳动能力的，其所获授的股权激励标的不做变更，仍可按规定执行。

激励对象因退休而离职的，其获授的股权激励标的当年已达到可行使时间限制和业绩考核条件的，可行使的部分可在离职之日起的 6 个月内行使，尚未达到可行使时间限制和业绩考核条件的不再行使。

激励对象死亡的，自死亡之日起所有尚未行权的股权激励标的即被取消。

2. 终止机制

股权激励计划的终止多由公司内外部环境发生变化而引起，如激励对象范围变化、资本市场波动、公司组织架构变动、公司战略方向调整等。

例如，2011 年 8 月九阳股份有限公司决定撤销 6 个月前提出的限制性股票激励计划草案。对此，九阳股份给出的原因为：一是年初公司新引进了一批中高端复合型管理、技术及销售骨干，也是迫切需要激励的对象，而原来的激励对象范围中尚未涵盖该部分骨干；二是因为 6 个月来央行多次上调存款准备金率并实施了加息，致使公司现有激励对象购买限售股的成本大升，风险加大，原计划实施起来有困难。

再如，2015年11月，猛狮科技发布撤销《限制性股票激励计划（草案）》公告，给出的原因为：由于公司战略发展方向的调整，公司组织架构及管理层发生较大的变动，原有的股权激励计划已不符合公司战略发展的需要，因此公司董事会决定撤销《限制性股票激励计划（草案）》及其摘要，相关的《限制性股票激励计划实施考核管理办法》一并撤销。

6.3 是药还是毒，六个股权激励误区要避免

作为创新商业模式、聚集团队人心、提升员工士气的重要方法，股权激励已成为企业转型升级促发展的“魔法药剂”。但其效果的发挥依赖多种因素，在实行中也存在一些较常见的误区。如不能规避，很容易变“药”为“毒”，使企业“中毒身亡”。

因此，企业在制定激励计划时，要避免以下几个误区（见图 6-24）。

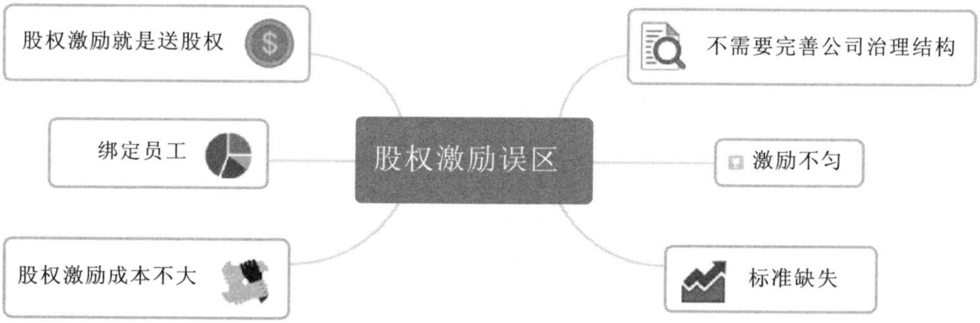

图 6-24　股权激励的六大误区

1. 认为股权激励就是送股权

股权激励需要派发股份，但如果就此认为股权激励就是送股权，或者不经控制权考量，基于私人感情而忽视对股权完整性的评价与检查，很容易引发道德风险，或者导致控制权旁落。

例如，某企业创始人为了追求股权激励效益的最大化，未经测算就将自己手中持有股份的大部分拿出来作为股权激励标的来源。一些追求短期利益的高管在获得股份后，考虑到今后股市恢复理性时股价势必会回落，为避免财富缩水，不惜辞职套现，以实现自身利益。结果，股份流入到其他外部资本手中，使创始人第一大股东的地位岌岌可危，人才流失又影响了企业长期战略。

2. 认为股权激励不需要完善公司治理结构

完善的公司治理结构是企业推行股权激励的前提条件，而不是相反。一个治理结构不完善的企业若贸然实施股权激励方案，甚至会引发企业生存危机。

例如，2001 年爆发的安然公司丑闻便是因为该公司的治理结构存在问题，各个要素之间不能发挥相互制衡的作用，最终使董事会的地位和作用被大大弱化，企业职业经理人的权力异常放大，公司高管利用业绩上的造假，不断行使他们手中的期权，使公司沦为高管人员巧取豪夺的逐利场，最终以破产收尾。

完善的公司治理结构包含两个层面的意思。形式上，公司的法人治理结构应该包含下面这些要素，股东大会、董事会、监事会、经理层、职工大会等。实质上，上述要素以合约关系为纽带，应各司其职，互为制衡。这样，公司建立的激励机制才能与之配套使用。

3. 激励不均

有些时候，激励模式选用错误或额度分配不均，可能出现这样的情形：员工自认为干得不错，但是获得股份之后一算，还没有竞争对手给的钱多，索性选择辞职。因此，我们在制定股权激励计划时，一定要考虑市场中人力资本价值及竞争对手的状况，在不同阶段使用不同的激励方案，根据员工价值的增长，适时调整授予额度。

4. 用股权激励绑定员工

股权激励只是手段，其目的还是要留住人才，创造价值。因此，激励应该让员工获得“主人翁”的感觉，促使他们关心公司，对公司发展做出长期承诺并积极付诸行动，而不是把激励搞成纯粹的绑定，让员工感觉像戴上一个“手铐”，行动不便。

比如，有的企业的管理者，为了留住核心人才，让员工花很多钱来买股权，以为这样人才就不会轻易走了。即使走了，企业也不会在股权上吃太大亏。实际上，这样的机制却可能给激励对象造成这样一种错觉：这不是激励，不是让我获得更多收益，而是让我不能有随便“逃跑”的机会，反而生出抵触情绪，更想离开。

所以，股权激励在设计时，要考虑到员工的情绪问题。首先要有吸引力，要让激励对象认同企业文化和价值观，相信通过股权激励能够实现自我价值。在此基础上，再来考虑激励和约束的有机统一，设定一些防范条款，如规定上市前或者服务几年内，激励对象如果离职，不能私自转让等等。当然，这个条款也不能太过苛刻。

5. 股权激励的成本不大

股权激励的本质是一种人力资本与资本共同参与的利益分享机制，可能导致企业财务成本增加。如果激励幅度过大，不但会影响创始团队的控制权，更会加剧资金紧张，显著降低当期的公司财务指标，导致公司业绩下滑甚至亏损，这对计划或正处在融资阶段的企业而言，无疑是不利的。另外，考虑到通常行权价格波动不大，而公允价值会随公司价值增长而显著上升，这意味着越在后期行权公司所负担的成本将越高。因此，制定股权激励计划时，要考虑到激励成本对公司利润的影响。

6. 股权激励不需要制定标准

“当一天和尚撞一天钟”是我们大家都熟知的一句谚语。一个小和尚在寺院担任撞钟一职，半年下来，对于这个机械似的重复工作，他感到非常无聊，于是每天都敷衍了事，得过且过。有一天，主持告诉他，他已不能胜任撞钟一职，只能将其调到后院劈柴挑水。小和尚很不服气地问：“我撞的钟难道不准时、不响亮？”老主持耐心地告诉他：“你撞的钟虽然很准时、也很响亮，但钟声空泛、疲软，没有感召力。钟声是要唤醒沉迷的众生，因此，撞出的钟声不仅要洪亮，而且要圆润、浑厚、深沉、悠远。”

其实，仔细分析这个故事，小和尚并没有犯错，错的是主持，他犯了一个常识性管理错误。由于没有提前公布工作标准才造成了“做一天和尚撞一天钟”。如果主持在小和尚进入寺院的当天就告知他撞钟的标准和重要性，小和尚也不会因消极怠工而被撤职。

究竟什么是工作标准？简单来说，就是员工的行为指南和考核依据，如这个环节采取什么工作方法、需要多长时间、结果应该是什么样子。

现实中，缺乏工作标准，往往导致员工的努力方向与公司整体发展方向不统一，造成大量的人力和物力资源浪费。因为缺乏参照物，时间久了员工容易形成自满情绪，导致工作懈怠。有些创业公司为了稳住团队，在授予员工股权之后，没有相应的约束机制和考核标准，不但起不到激励的效应，反而催生了一些懒人，影响公司士气。因此，在制定股权激励计划的时候，必须辅以一定的约束机制和考核标准。

6.4 初创企业，七步虚拟股权激励法

虚拟股权模式实施简单，对企业安全，激励效应强，比较适合治理结构不完善、股本小、盈利能力欠佳，创始人又需要掌握控制权的初创企业采用。

例如，方太公司就曾用虚拟股权激励，让全体员工共享企业成长的红利。方太公司向所有两年以上工龄的员工赠送股权，规定次年分红两次。获授的职工不需要出资购买，企业根据个人岗位、职级、绩效、出勤、贡献大小等因素，同时兼顾团队的业绩利润和企业的整体业绩利润，来确定每位员工获得的“股份”数量，员工依据自己持有“股份”的多少参与分红，但不享有所有权、表决权等实际股东的权利，既获得了激励效应也守护了企业控制权。

具体到操作步骤上，我们可以将公司的净资产分割成若干相同价值的股份，然后通过以下七步，系统制定企业的虚拟股权激励计划（见图 6-25）。

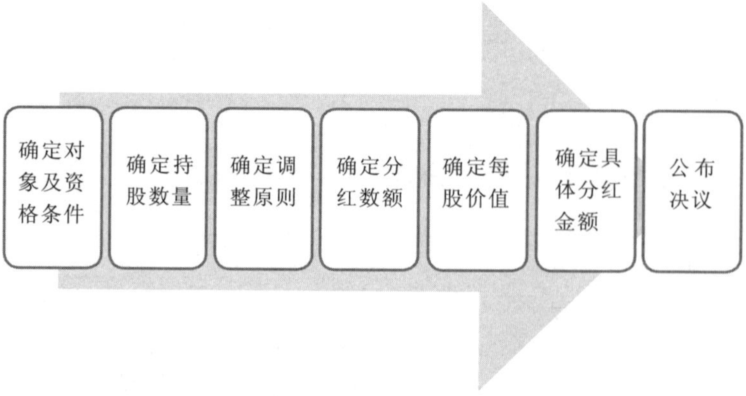

图 6-25　虚拟股权激励的步骤

第一步，确定股权激励的对象及其资格条件。

首先企业要明确，本次纳入激励计划的对象是全体员工，还是部分员工。为了保证股权激励在精神激励方面的效果，可以只针对核心员工。让公司所有员工明确意识到，股权激励不是人人享有的福利，只有优秀人才，才能享受分红，它代表了一种“特权”。如果其他员工想获得这种“特权”，就必须努力成长，努力工作，取得高绩效，让自己成为核心员工。

鉴于此，虚拟股权激励的对象范围及资格条件可以界定如下（见表6-8）。

表6–8 虚拟股权激励对象和资格条件

激励对象	资格条件
高级管理人员	具有两年（含）以上本公司工作服务年限，担任高级管理职务或有高级职称的核心管理层，如CEO、董事长、总经理等
中层管理人员	具有两年（含）以上本公司工作服务年限，担任中层管理职务的人员，如高级监理、人力资源经理等、营销总监等
骨干员工	具有一年（含）以上本公司工作服务年限，并获得“公司优秀员工”称号，或者拥有独特专业技能、处于关键技术岗位的骨十员工，如高级工程师、高级企划、培训师、区域负责人等

第二步，确定激励对象的当期持股数量。

根据公司具体情况，把持有股权划分为岗位股、绩效股和工龄股等，根据激励对象所处的职位、工龄长短以及绩效情况，来确定其当年应持有的“股份”数量。

（1）确定岗位股。

根据激励对象在公司内所处不同职位而设定不同股权数量。一般来说，在同一个层次的激励对象，其职位股权可有所不同，但波动应控制在一个合理范围内。公司可先根据其所处职位确定他们的职位股基数。

（2）确定绩效股。

根据股权享有者的实际个人工作绩效表现情况，年底决定是否追加和追加多少干股。

每年年初，公司可预先确定股权享有者的年度考核绩效指标；每年年末，根据绩效实际完成情况，按比例分别确定最终增加的股权数量（增加股权数量＝本人职位股基数 × 绩效完成程度 ×50%）。另外，公司应规定一个享有虚拟股权的最低绩效完成比例限制。例如，当年绩效完成情况低于 70% 的人员，取消其享有当年股权激励计划的资格。

（3）确定工龄股。

依据员工在本公司工作服务年限，制定工龄股分配原则。比如，自劳动合同签订后员工实际到岗之日起算，按照满一年增加 100 股的标准执行。

（4）计算股权数额。

将上述三类股权累加，为该激励对象当年享有的股权数额。

实践中，如遇到对公司有特别重大贡献者，其股份数量的确定也可酌情调整，由公司人力资源部门上报，交由公司最高管理层或公司薪酬考核委员会决定。

第三步，确定股权调整原则。

企业是一个不断变化的动态体，因此股权激励计划也需要适时做出调整。由于无法准确预见企业未来的发展变化，因此可以先确定出股权数量的调整原则。例如，随着职位和绩效等因素的变动，持有人的股权数量会发生改变。职位降低时，职位股的获授基数随之下调；绩效完成未达到考核比例，绩效股可能取消；员工工龄增加，工龄股也会相应增加。非正常离职的员工，如辞职、辞退、解约等，股份自动回收；正常离职者可以将股权按照一定比例折算为现金发放给本人，也可按照实际剩余时间，到年终分配时参与分红兑现，并按比例折算具体分红数额。如果股权享有者在工作过程中因失误而被降级、处罚时，公司有权减少、取消其分红收益权。

第四步，确定分红数额。

虚拟股持有对象享受企业分红权利，因此，公司首先应该在内部建立分红基金，根据当年经营目标实际完成情况及利润大小，对照分红基金的提取计划，确定当年分红的基金规模的波动范围，落实实际提取比例和数额。

一般来说，分红基金的提取比例是按照公司上一年度奖金在公司净利润中所占比例为参照制定的，为了体现虚拟股权的激励性，分红基金提取比例的调整系数定为 1 ～ 1.5。

例如，在实行虚拟股权激励制度的上一年度，公司净利润为 100 万元，上年年终奖金总额为 5 万元，则首次分红基金提取比例基准＝（上年年终奖金总额 ÷ 上一年公司净利润）×（1 ～ 1.5）＝（5÷100）×（1 ～ 1.5）=5%×（1 ～ 1.5）

则最高线：5%×1.5 ＝ 7.5%

中间线：5%×1.3 ＝ 6.5%

最低线：5%×1.0 ＝ 5%

分红基金＝股权激励制度的当年公司目标利润（例如 150 万元）× 首次分红基金提取比例，分别对应如下：

最高线：150×7.5% ＝ 11.25 万元

中间线：150×6.5%=9.75 万元

最低线：150×5% ＝ 7.5 万元

实际操作中，公司本着调剂丰歉、平衡收入的原则，还可以在企业内部实行当期分红和延期分红相结合的基金分配原则，这样可以有效地减少经营的波动性对分红基金数额变动所带来的影响。

假设公司当年分红基金数额为 11.25 万元，其将当年分红基金的 80%用于当年分红兑现。当年分红基金的 20%结转下年，累加到下年提取的分红基金。以后每年都按照这个比例滚动分红基金。

第五步，确定虚拟股权的每股现金价值。

确定完分红额度后，公司可以按照以下公式计算出虚拟股权每股现金价值：

干股每股现金价值＝当年实际参与分配的分红基金规模 ÷ 实际参与分红的虚拟股权总数。

例如，当年参与分红的股权总数是 10 万股，当年分红基金数额为 11.25 万元，根据公式，其当年虚拟股权每股现金价值＝ 112500÷100000 股＝ 1.125 元 / 股。

第六步，确定每个虚拟股权持有者的具体分红办法和当年分红现金数额。

将每股现金价值乘以股权享有者持有的股份数量，就可以得到每一个股权享有者当年的分红现金数额。例如，某员工持有的股权总数为 2000 股，则其当年可得到的分红数额为 1.125 元 / 股 ×2000 股＝ 2250 元。

为了保证分红收益波动不至于过大，公司可以执行滚动分配原则，当年分红兑现 = 当年分红收益 ×85%，剩余 15% 结转下年。例如，某员工当年分红收益为 2250 元，按照滚动分配原则，当年可兑现收益为 2250×85%=1912.5，剩余 337.5 结转下年参与分配。若下年分红收益为 3000 元，则下年分红兑现为（3000+337.5）×0.85=2836.88。

第七步，公布实施股权激励计划的决议。

在确定要实施干股激励制度之后，公司管理层应在公司内部公布实施该激励制度的决议，并向员工详细讲解股权激励计划的获授原则、实施流程、意义与后果。使员工心知肚明，打消各种疑虑，提高参与的积极性。使股权激励计划行之有效，达成双赢的局面。

6.5 上市公司，期权激励助业绩增长

期权是上市公司使用最为广泛的激励模式。通过授予公司高管人员、技术骨干等购买公司股票的选择权，建立企业间的利益共同体，促使经营者大胆进行技术创新和管理创新，降低成本，提高竞争力，使企业业绩和股价获得持续增长。

我们以苏宁电器在2010年实行的股票期权激励计划为例，来了解期权激励的几大模块。

模块一：激励模式。

股票期权激励模式。

模块二：激励对象。

已在公司或公司下属分、子公司连续工作5年以上的公司董事（不包括独立董事）、总裁、副总裁、财务负责人，总部各管理中心副总监级以上中高层管理人员、部分副经理级以上核心业务骨干及信息技术研发人员，各地区总部、地区管理中心、重要子公司负责人以及部分副经理级以上核心业务骨干，销售规模、经营绩效具有代表性的优秀连锁店店长，共计248人。

模块三：激励额度。

总计授予激励对象8 469万份股票期权，每份股票期权拥有在激励计划有效期内的可行权日以行权价格和行权条件购1股公司股票的权利。其中董事（不含独立董事）、总裁、副总裁、财务负责人获授股票期权涉及的标的股票数量为1 210万股，占股票期权授予总量的14.29%，占授予时公司股本总额的0.17%。其他拟授予的公司核心中高层管理人员以及业务骨干获授股票期权涉及的标的股票数量为7 259万股，占股票期权授予总量的85.71%，占授予时公

司股本总额的 1.04%。

模块四：激励价格。

授予的 8 469 万份股票期权的行权价格为 14.50 元。

模块五：激励来源。

（1）股票激励标的来源。

本次激励计划的标的股票来源为公司向激励对象定向发行苏宁电器股票，所涉及的标的股票种类为人民币普通股（A 股）。

（2）购股资金来源。

激励对象行使股票期权的资金全部以自筹方式解决。本公司承诺不为激励对象依本激励计划行使股票期权提供贷款以及其他任何形式的财务资助，包括为其贷款提供担保。

模块六：激励时限。

（1）股票期权激励计划的有效期。

股票期权激励计划的有效期为自股票期权授权日起五年。

（2）股票期权激励计划的授权日。

股票期权激励计划授权日在本激励计划报中国证监会备案且中国证监会无异议，公司股东大会审议通过后由董事会确定。

授权日必须为交易日，且不得为下列期间：

①定期报告公布前 30 日。

②重大交易或重大事项决定过程中至该事项公告后 2 个交易日。

③其他可能影响股价的重大事件发生之日起至公告后 2 个交易日。

（3）股票期权激励计划的等待期

第一个行权期可行权股票期权的等待期为授权日起的 12 个月。

第二个行权期可行权股票期权的等待期为授权日起的 24 个月。

第三个行权期可行权股票期权的等待期为授权日起的 36 个月。

第四个行权期可行权股票期权的等待期为授权日起的 48 个月。

（4）股票期权激励计划的可行权日。

激励对象应按本激励计划规定的安排分期行权。可行权日为等待期满次日起至股票期权有效期满当日为止的期间内，公司定期报告公布后第 2 个交易日起至下一次定期报告公布前 10 个交易日内的所有交易日，但不得在下列期间内行权：

① 业绩预告、业绩快报公告前 10 日至公告后 2 个交易日内。

② 重大交易或重大事项决定过程中至该事项公告后 2 个交易日。

③ 其他可能影响股价的重大事件发生之日起至公告后 2 个交易日。

具体行权安排如下：

第一个行权期：激励对象自授权日起 12 个月后的首个交易日起至授权日起 24 个月内的最后一个交易日当日止，可行权额度上限为获授股票期权总额的 25%。

第二个行权期：激励对象自授权日起 24 个月后的首个交易日起至授权日起 36 个月内的最后一个交易日当日止，可行权额度上限为获授股票期权总额的 25%。

第三个行权期：激励对象自授权日起 36 个月后的首个交易日起至授权日起 48 个月内的最后一个交易日当日止，可行权额度上限为获授股票期权总额的 25%。

第四个行权期：激励对象自授权日起 48 个月后的首个交易日起至授权日起 60 个月内的最后一个交易日当日止，可行权额度上限为获受股票期权总额的 25%。

（5）标的股票的禁售期。

① 激励对象转让其持有的标的股票，应当符合《公司法》《证券法》《深圳证券交易所股票上市规则》《公司章程》等法律、法规和规范性文件的规定。

② 激励对象为公司董事、其他高级管理人员的，每年转让其持有的公司股票不得超过其所持有的公司股票总数的 25%；在离任信息申报之日起 6 个月内，不得转让其所持有的全部公司股份；在离任信息申报之日起 6 个月后到 12 个月内，通过深圳证券交易所挂牌交易出售股票数量占其所持有的本公司股票总数的比例不得超过 50%。

模块七：激励条件。

（1）获授股票期权的条件

公司未发生下列任一情形：

①最近一个会计年度的财务会计报告被注册会计师出具否定意见或者无法表示意见的审计报告；

②最近一年内因重大违法违规行为被中国证监会予以行政处罚；

③中国证监会认定的不能实行股权激励计划的其他情形。

激励对象未发生下列任一情形：

①最近三年内被交易所公开谴责或宣布为不适当人选的；

②最近三年内因重大违法违规行为被中国证监会予以行政处罚的；

③具有《公司法》规定的不得担任公司董事、监事、高级管理人员情形的。

（2）行权条件

激励对象行使已获授的股票期权必须同时满足以下条件：

根据《苏宁电器股份有限公司2010年股票期权激励计划实施考核办法》，激励对象上一年度绩效考核良好。

公司未发生下列任一情形：

①最近一个会计年度的财务会计报告被注册会计师出具否定意见或者无法表示意见的审计报告；

②最近一年内因重大违法违规行为被中国证监会予以行政处罚；

③中国证监会认定的不能实行股权激励计划的其他情形。

激励对象未发生下列任一情形：

①最近三年内被证券交易所公开谴责或宣布为不适当人选的；

②最近三年内因重大违法违规行为被中国证监会予以行政处罚的；

③具有《公司法》规定的不得担任公司董事、监事、高级管理人员情形的。

（3）行权条件

股票期权等待期内，公司各年度归属于上市公司股东的净利润及归属于上市公司股东的扣除非经常性损益的净利润均不得低于授予日前最近三个会计年度的平均水平且不得为负。

第一个行权期的行权条件为：苏宁电器2010年度销售收入较2009年增长率不低于20%，且归属于上市公司股东的净利润较2009年度增长率不低于25%。

第二个行权期的行权条件为：苏宁电器2011年度销售收入较2009年复合增长率不低于20%，且归属于上市公司股东的净利润较2009年度复合增长率不低于25%。

第三个行权期的行权条件为：苏宁电器2012年度销售收入较2009年复合增长率不低于20%，且归属于上市公司股东的净利润较2009年度复合增长率不低于25%。

第四个行权期的行权条件为：苏宁电器2013年度销售收入较2009年复合增长率不低于20%，且归属于上市公司股东的净利润较2009年度复合增长率不低于25%。

归属于上市公司股东的净利润指标均以扣除非经常性损益前后孰低者作为计算依据。

（4）达不到行权条件的处理办法。

若未能满足行权条件，则当期的股票期权不得行权，该部分股票期权由公司注销。若激励对象符合行权条件但未在上述行权期内全部行权的，则未行权的该部分期权由公司注销。

模块八：调整机制。

（1）公司发生控制权变更、合并、分立。

若公司发生控制权变更、合并、分立的，所有已授出的股票期权不作变更，激励对象不能加速行权。但若因控制权变更、合并与分立，导致本计划涉及的标的股票发生变化，则应对股票期权进行调整，以保证激励对象的预期收益不变。

（2）激励对象发生职务变更、离职、死亡等事项。

①激励对象职务发生变更，但仍为担任公司行政职务的董事、其他高级管

理人员或员工，其已获授的股票期权不做变更。但是激励对象因不能胜任工作岗位、考核不合格、触犯法律、违反职业道德、泄露公司机密、失职或渎职等行为严重损害公司利益或声誉而导致的职务变更，经公司董事会薪酬与考核委员会批准并报公司董事会备案，可以取消激励对象尚未行权的股票期权。

②激励对象成为独立董事、监事或其他不能持有公司股票或股票期权的人员，则应取消其所有尚未行权的股票期权。

③激励对象因触犯法律、违反职业道德、泄露公司机密、失职或渎职等行为严重损害公司利益或声誉而被公司解聘的，自离职之日起所有未行权的股票期权即被取消。

④激励对象因执行职务负伤而导致丧失劳动能力的，其所获授的股票期权不做变更，仍可按规定行权。

⑤激励对象自离职之日起所有未行权的股票期权即被取消。激励对象在最后一次行权之日起 2 年内离职的，须将其因实施本次股权激励计划所得的全部收益返还公司，经公司董事会薪酬与考核委员会批准不收回收益的激励对象除外。激励对象在最后一次行权之日起 2 年后离职的，若因发生泄露公司商业机密等不当行为的，公司董事会薪酬与考核委员会有权要求其返还其因实施本次股权激励计划所得的全部收益，包括转让行权所得标的股票所获收益。

⑥激励对象因达到国家和公司规定的退休年龄退休而离职的，其所获授的股票期权不做变更，仍可按规定行权。

⑦激励对象死亡的，自死亡之日起所有未行权的股票期权即被取消。但激励对象因履行职务死亡的，公司有权视情况根据激励对象被取消的股票期权价值对激励对象进行合理补偿，由其继承人继承。

上述①②③④⑤⑥⑦中激励对象被取消的股票期权，公司收回后予以注销。

（3）公司发生下列情形之一时，应当终止实施股权激励计划，激励对象根据激励计划已获授但尚未行使的期权应当终止行使，由公司收回后予以注销。

①最近一个会计年度财务会计报告被注册会计师出具否定意见或者无法表示意见的审计报告。

②最近一年内因重大违法违规行为被中国证监会予以行政处罚。

③国证监会认定的不能实行股权激励计划的其他情形。

（4）在激励计划实施过程中，激励对象出现下列情形之一的，其已获授但尚未行使的股票期权应当终止行使，公司收回并注销其已被授予但尚未行权的全部股票期权：

①最近三年内被证券交易所公开谴责或宣布为不适当人选的。

②最近三年内因重大违法违规行为被中国证监会予以行政处罚的。

③具有《公司法》规定的不得担任公司董事、监事、高级管理人员情形的。

（5）其他。

董事会认为有必要时，可提请股东大会决议终止实施本计划。股东大会决议通过之日起，激励对象已获准行权但尚未行权的股票期权终止行权并被注销，未获准行权的股票期权作废。

总体来说，苏宁本次股票期权激励计划具有以下几个特点（见图 6-26）。

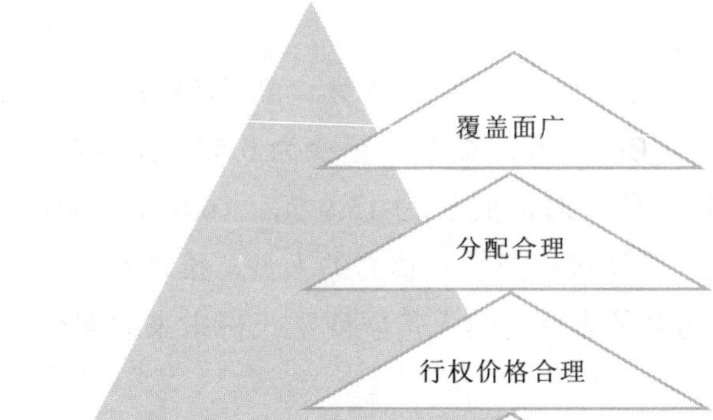

图 6-26　苏宁 2010 年期权激励的特点

（1）覆盖面广。

苏宁本次股票期权激励计划的激励对象高达248名，包括公司董事、总裁、副总裁、财务负责人、总部各管理中心副总监级以上中高层管理人员、部分副经理级以上核心业务骨干，销售规模、经营绩效具有代表性的优秀连锁店店长。与以往两次股权激励计划相比，无论是激励范围还是激励人数都有显著的提升，更有利于激励骨干员工，发挥股权激励的效果。

（2）分配合理。

从授予比例来看，此次激励计划中，董事（不含独立董事）、总裁、副总裁、财务负责人获授股票期权涉及的标的股票数量为1 210万股，占股票期权授予总量的14.29%，占授予时苏宁电器股本总额的0.17%。其他拟授予的苏宁电器核心中高管以及业务骨干获授股票期权涉及的标的股票数量为7 259万股，占股票期权授予总量的85.71%，占授予时苏宁电器股本总额的1.04%。

分配比例往中高层及业务骨干倾斜，体现了股票期权分享的公平性和合理性，有利于减少公司内部的矛盾，促进管理层成员之间的团结，提高公司的整体凝聚力与战斗力。

（3）行权价格合理。

此次激励计划的行权价格为14.5元，我们假设公司按最低标准完成行权，2010、2011年EPS（每股盈余）至少为0.53元、0.67元，参考行业平均30倍和25倍PE预期，对应股价为15.9元、16.8元，激励对象处于获利状态。这必将有利于公司吸引及留住优秀的人员，推动本次激励对象为共同利益奋斗。同时，也为其他未获得的人员展现了一份未来的期待，从而促使其更努力工作。

（4）行权条件合理。

苏宁电器2010年的股权激励计划的行权条件为：苏宁电器2010~2013年每年度销售收入较2009年复合增长率不低于20%，且归属于上市公司股东的净利润较2009年复合增长率不低于25%。与2007年和2008年两次期权激励相比，本次的行权条件较为宽松。同时，结合企业发展周期，将销售收入增长率和净利润增长率结合起来作为股权激励计划的业绩考核条件，不仅可以避免管理层通过调节经营业绩来实现利润增长进而损害股东利益的短期行为，使股东与管理层的长期利益保持一致，而且相对宽松的行权条件也以增加员工对本次计划的信心，起到切实的激励效果。

但本次激励计划也存在不足。虽然行权条件相对宽松，但没有充分考虑市场变化因素和资本放大效应，四个行权期的条件完全相同，对于瞬息万变的市场来说，不太合理。

6.6 新进高管，循序渐进激励法

高管是指公司管理层中担任重要职务、负责公司经营管理、掌握公司重要信息的人员，主要包括经理、副经理、财务负责人等。

高管能力强、商业敏锐度高，是公司资源的管理者和决策者，对企业的战略和发展前景有着决定性的作用。如 IBM 在郭士纳的带领下，重新认识市场，重新定位自己，实现了企业文化转型和领导力改革，最终摆脱困境，焕发新的活力，并且引领计算机产业走向一个新的高度。再如海尔的张瑞敏和联想的柳传志，都通过其卓越的领导力将企业带向一个新的发展高度。

鉴于高管对企业的重要性，企业在对高管进行激励时，应该将薪酬和股权结合起来，即满足当下的需求，又满足其对未来分配的期望。

首先，我们要把握一个原则，高管激励是一个循序渐进的过程，而不是一蹴而就的工具。在此原则基础上，制定如下方案（见图 6-27）。

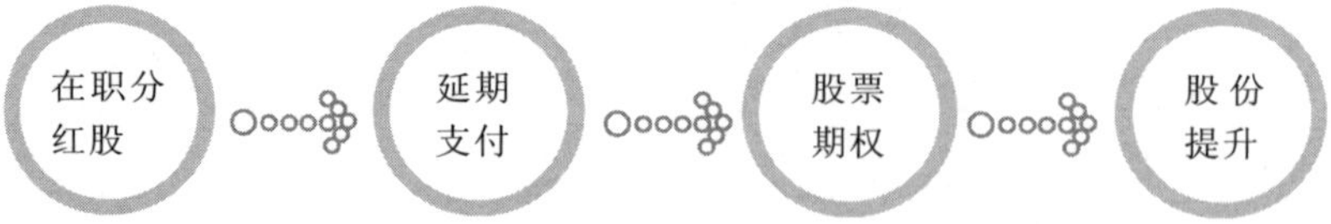

图 6-27　高管的激励方法

1. 在职分红股激励

对新来的高管，可以在制定相关考核标准后，实行分红股激励，在考核完成后，再考虑将其分红股转化为期股、期权或者业绩股份等。

例如，A 公司新招聘一个业务部经理，负责公司华北地区的所有业务。那么，我们以公司华北区的业绩为标的，建立相应考核指标，然后以考核指标分数作为参考依据，授予相应的分红股，年底参与分红。

假如公司去年华北区的业绩是300万元，前年业绩是250万元，今年的目标是350万元。根据业绩完成情况，公司给予不同奖励（见表6-19）。

表6–19　业绩分红表

业绩完成情况（n）	分红比例
n<业绩目标的80%	0
业绩目标的80%≤n<业绩目标的90%	公司总利润的8%
业绩目标的90%≤n<业绩目标的100%	公司总利润的9%
业绩目标的100%≤n<业绩目标的110%	公司总利润的10%
业绩目标的110%≤n<业绩目标的120%	公司总利润的11%
n≥业绩目标的120%	公司总利润的12%

假如该总经理今年完成业绩400万元，公司利润为50万元。那么，年底就可以分到5.5万元的利润分红。在这种动力下，该总经理会努力提升区域销售业绩，以确保获得更多收益。但如果中途离开，便意味着放弃全部分红收益，归公司所有。考虑上述原因，该总经理不会轻易离开，最终，公司保留了人才，也提升了业绩。

在完成一年的分红股后，公司可以对其做一个全面的评估，考虑是否对其实行期股或期权激励，以进一步强化激励效应。

2. 延期支付

考虑到有时候高管一旦拿了分红收益，可能会离职走人，给公司带来损失，可以在做分红股激励之前，加一个延迟支付锁定条款。比如规定：年底获得的红利，分三年派发，第一年派发60%，第二年、第三年各派发剩余的20%。前述案例中的总经理如果2013年有5.5万元收益，到了第二年可以先拿到3.3万元，第三年，第四年，再拿到剩下的2.2万元。如果中途离开，便意味着放弃部分收益。

3. 股票期权

在实行完一年的分红股激励后，公司也对新进高管有了一个大概了解，如果觉得各方面都不错，也认为该总经理值得拥有公司实股，那么，在不影响控制权的前提下，公司可以对其实行期权激励。比如，2014 年，公司和该总经理约定，如果他在 2014 年完成相关业绩指标，达到考核标准，可以以 1 元钱一股的价格购买公司 10 万股的股份，当然也可以选择放弃认购。

到了 2014 年底，该总经理完成了指标，公司价值提升，市场增势明显，股价也上涨到了 1.5 元一股。此时，他有权选择以一块钱一股的价格购买该分公司 10 万股。如果购进后出售，该总经理便净赚 5 万元。当然，需要考虑有关限制性条款，诸如一年之内不得出售等。

获授期权后，只要该高管努力提升公司整体价值，完成相关绩效指标，便意味着将来会获得更高的收益，这在一定程度上又激发了努力工作的热情。

4. 股份提升

到了后期，综合评定该高管的表现及公司战略发展需求，可以考虑职位晋升。同时，体现价值同等原则，股份比例也做相应调整，让其持有更多股份，进而为公司的整体利益尽心尽力。一旦公司获得风险投资资金或者上市，股份便出现一个更高的溢价空间，此时，公司溢价带来的收益是无法想象的，股权的财富效应也会在此得到彰显。

对高管人员实施股权激励，让其在享受薪酬的同时，还可以根据股份分享利润，有利于挖掘他们的潜能，给他们提供进一步发展的机会，满足他们自我实现的需要，实现与企业真正长期共同成长，实现职业人生价值。

第7章

股权上市，控制权博弈的高端战场

上市可以让企业获得新的融资渠道，完善企业法人治理结构，夯实企业发展的基础，提升企业的品牌价值和市场影响力，提升企业在客户、供货商和金融机构等心目中的地位。但正所谓有利就有弊，上市后企业因为价值提升较快，往往成为各方觊觎的目标，也将面临一个控制权博弈的高端战场。在这个战场，如果不懂规则，胡乱出牌，控制权更迭将不可避免。

7.1 高端战场，控制权争夺无间道

上市后，企业可以通过公开市场出售股票募集资金，公众只要购买股票就成为公司的股东。正因为如此，企业也将面临一个更加残酷的控制权争夺战场，人与人、人与企业，企业与企业之间貌似亲密无间，却又暗藏欺瞒，充满敌意。

如何在这个“无间地狱”中踏出一条光明大道，首先需要明白企业上市后，控制权争夺中的利益相关各方及收购规则。

7.1.1 控制权争夺中的利益相关方

上市后，企业控制权争夺中的利益相关方主要有原大股东、收购人、公众股东、董监高。具体来说，又分为三个层面（见图 7-1）。

大股东层面	收购人和原实际控制人
董事会层面	董事、监事、高管
公众股东层面	公众股东

图 7-1　控制权争夺中的利益相关方

在大股东层面，以收购人和原实际控制人为主。

董事会层面，以董事、监事、高管为主。

公众股东层面，公众股东通常不会是直接的利益冲突主体或当事方，但因为收购人与原大股东之间控制权争夺的最终结果，都可能会对公众股东的利益产生影响，因此，公众股东也往往借各种途径展示自己的话语权，使控制权争夺向有利于自身利益的方向发展。

7.1.2 控制权争夺中的收购规则

上市后，企业面临的常见收购方式有四种（见图 7-2）。

图 7-2　常见的收购方式

1. 二级市场购买

《上市公司收购管理办法》（简称《收购办法》）规定：收购人可以通过取得股份的方式成为一个上市公司的控股股东，可以通过投资关系、协议、其他安排的途径成为一个上市公司的实际控制人，也可以同时采取上述方式和途径取得上市公司控制权。

也就是说，收购人可以通过二级市场购买上市公司的流通股的方式，获得对该上市公司的控制权。例如，宝能系争夺万科、格力的控制权，都采用了这种方式。

2. 协议转让

协议收购是指收购人依照法律、行政法规的规定同被收购公司的股东以协议方式进行股权转让的行为。

例如，2016 年 7 月 11 日同大股份（300321）发布公告，华盛百利投资发展（北京）有限公司拟以协议收购方式，向其控股股东同大集团购买同大股份 972.69 万股股票，占公司总股本 10.95%，股份转让价格 31.23 元 / 股，转让总价款 303 771 805.29 元。本次交易的动因为优化上市公司股东结构，增加二级市场股票的流动性。交易完成后，同大集团持有公司 2 918.08 万股，占公司股权比例为 32.86%，仍为公司控股股东。公司的实际控制人未发生变更。

再如，2015 年，江泉实业（600212）的控股股东华盛江泉分别与宁波顺辰投资有限公司、自然人李文签署股份转让协议书，华盛江泉将其持有的江泉实业以 8.67 元 / 股的价格，分别转让给宁波顺辰 6 840.32 万股股份，占总股本 13.37%；转让给自然人李文 2 500 万股股份，占总股本 4.89%。据此，宁波顺辰将成为江泉实业第一大股东，李文将成为公司第二大股东，实际控制人变更为郑永刚，华盛江泉则不再持股。

3. 要约收购

要约收购是一种特殊的证券交易行为，是指收购人通过向目标公司的股东发出购买其所持该公司股份的书面意见表示，并按照依法公告的收购要约中所规定的事项，收购目标公司股份的收购方式。

2016 年 6 月 16 日，中国家电生产商美的集团向德国工业机器人制造商库卡集团发出收购要约，拟通过境外全资子公司 MECCA 以现金方式，每股 115 欧元的价格全面要约收购库卡集团的股份，从而将对库卡的持股比例达到 30% 以上。2016 年 12 月底，这笔交易得到了相关部门的批准，2017 年 1 月，完成了股份的交割工作。

（1）要约收购的特殊性。

要约收购的特殊性主要体现在以下几个方面（见表 7-1）。

表 7–1　要约收购的特殊性

特殊性	内容
交易双方的不平等性	要约收购交易行为中，发出要约的收购者一般是一个有备而来的公司，在收购中占有主动局面。而收到要约的目标公司股东，通常是处于分散状态下的中、小股东，往往对收购的来临并不知情，也毫无防备，处于被动局面
收购目的在于获得控制权	要约收购的目的并非单纯的投资获利，而在于收购目标公司相对多数股份进而掌握公司的控制权，是企业组建集团公司或实施全球扩张的重要手段
交易价格高	要约收购中，为了达成收购目的，收购人通常提供的收购价格远远高于证券市场上该股份的正常交易价格。根据国外要约收购实践，要约收购的价格通常会超过该股份市价的 20% 以上
目标公司股东承受巨大压力	收购要约是有期限的，根据《证券法》和《收购办法》的规定，收购要约约定的收购期限不得少于 30 日，并不得超过 60 日，因此，一旦收购要约发出，目标公司股东必须在要约规定的承诺期间内作出接受或者拒绝要约的决定。如果接受要约，就意味着要放弃对公司控制权。如果拒绝要约，可能错失眼下优厚的收购价格。对目标公司的股东而言，这将是一个两难的选择，要承受巨大的压力

（2）要约收购的种类。

要约收购包含自愿要约与强制全面要约两种类型（见图 7-3）。

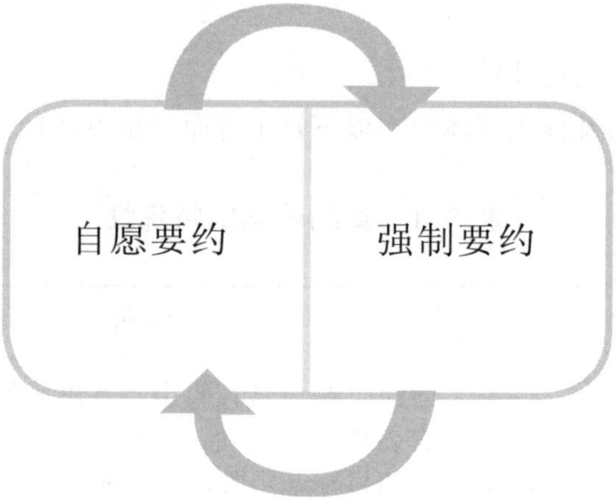

图 7-3　要约收购的两种类型

自愿要约，是指收购者依据目标公司总股本确定预计收购的股份比例，在该比例范围内自愿向目标公司所有股东发出收购要约，预受要约的数量超过收购人要约收购的数量时，收购人应当按照同等比例收购预受要约的股份。

强制要约是指收购人持有目标公司股份或投票权达到法定比例，或者在持有一定比例之后的一定期间内又增持一定的比例，依照法律规定必须向目标公司全体股东发出公开收购要约的法律制度。

根据我国《证券法》规定，收购人持有一个上市公司的股份达到该公司已发行股份的 30% 时，继续增持股份的，应当采取要约方式进行，发出全面要约或者部分要约。

例如，帝亚吉欧因为受让了水井坊母公司全兴集团的股份后，对全兴集团的持股从 49% 变成了 53%，从而间接持有了全兴集团持有的水井坊 30.71% 的股份，超过法律上持股 30% 的规定，触发了强制全面要约义务。

（3）要约收购的法律规定。

目前，在《证券法》、《上市公司收购管理办法》和《股票发行暂行条例》中，都对要约收购有相关规定，我们来逐一解读（见表 7-2）。

表 7–2　要约收购的法律规定

1	要约收购的法律界定	通过证券交易所的证券交易，收购人持有一个上市公司的股份达到该公司已发行股份的30%时，继续增持股份的，应当采取要约方式进行，发出全面要约或者部分要约
2	对收购股份比例的规定	以要约方式收购一个上市公司股份的，其预定收购的股份比例均不得低于该上市公司已发行股份的5%
3	信息披露义务	以要约方式收购上市公司股份的，收购人应当编制要约收购报告书，聘请财务顾问，通知被收购公司，同时对要约收购报告书摘要作出提示性公告。 本次收购依法应当取得相关部门批准的，收购人应当在要约收购报告书摘要中作出特别提示，并在取得批准后公告要约收购报告书。 收购人发出全面要约的，应当在要约收购报告书中充分披露终止上市的风险、终止上市后收购行为完成的时间及仍持有上市公司股份的剩余股东出售其股票的其他后续安排。 要约收购报告书所披露的基本事实发生重大变化的，收购人应当在该重大变化发生之日起2个工作日内作出公告，并通知被收购公司
4	对收购价格的规定	收购人按照规定进行要约收购的，对同一种类股票的要约价格，不得低于要约收购提示性公告日前6个月内收购人取得该种股票所支付的最高价格。 要约价格低于提示性公告日前30个交易日该种股票的每日加权平均价格的算术平均值的，收购人聘请的财务顾问应当就该种股票前6个月的交易情况进行分析，说明是否存在股价被操纵、收购人是否有未披露的一致行动人、收购人前6个月取得公司股份是否存在其他支付安排、要约价格的合理性等

续表

5	对支付方式的规定	收购人可以采用现金、证券、现金与证券相结合等合法方式支付收购上市公司的价款。收购人以证券支付收购价款的，应当提供该证券的发行人最近3年经审计的财务会计报告、证券估值报告，并配合被收购公司聘请的独立财务顾问的尽职调查工作。收购人以在证券交易所上市的债券支付收购价款的，该债券的可上市交易时间应当不少于一个月。收购人以未在证券交易所上市交易的证券支付收购价款的，必须同时提供现金方式供被收购公司的股东选择，并详细披露相关证券的保管、送达被收购公司股东的方式和程序安排。 收购人为终止上市公司的上市地位而发出全面要约的，或者向中国证监会提出申请但未取得豁免而发出全面要约的，应当以现金支付收购价款；以依法可以转让的证券（以下简称证券）支付收购价款的，应当同时提供现金方式供被收购公司股东选择
6	收购要约的撤销	在收购要约约定的承诺期限内，收购人不得撤销其收购要约
7	收购要约的修改	在收购要约的有效期限内，收购人需要变更收购要约中事项的，必须事先向中国证监会提出书面报告，同时抄报派出机构，抄送证券交易所和证券登记结算机构，通知被收购公司；经中国证监会批准后，予以公告。 收购要约期限届满前15日内，收购人不得变更收购要约；但是出现竞争要约的除外
8	收购要约期限	收购要约约定的收购期限不得少于30日，并不得超过60日；但是出现竞争要约的除外

续表

9	对收购人买卖被收购公司股票的规定	采取要约收购方式的，收购人在收购期限内，不得卖出被收购公司的股票，也不得采取要约规定以外的形式和超出要约的条件买入被收购公司的股票。收购要约人在要约期内及要约期满后30个工作日内，不得以要约规定以外的任何条件，购买该种股票
10	对转让持有的被收购公司股票的规定	在上市公司收购中，收购人持有的被收购的上市公司的股票，在收购行为完成后的12个月内不得转让

4. 间接收购

间接收购是指收购人通过投资者关系、协议或其他安排等方式，获取母公司或控股股东的控制权，从而间接控制一个公司的收购行为。

例如，2014年4月3日，恒生电子发布公告称，公司的控股股东恒生集团的17名自然人股东已与浙江融信网络技术有限公司签署《股权购买协议》，以32.99亿元现金受让恒生集团100%股份。交易完成后，浙江融信将通过恒生集团持有恒生电子20.62%的股份，成为恒生电子的控股股东。资料显示，浙江融信成立于2003年，马云个人持股比例为99.14%，浙江融信与阿里巴巴集团之间并无股权关系。这意味着，马云通过间接收购方式，成为了恒生集团的实际控制人。

7.2 选择上市时机，获得更高市盈率

上市时机的选择对于公司股票能否顺利发行以及发行价格的高低影响很大。一般来说，上市时机的选择要考虑市场的状况和公司的具体情况（见图7-4）。

1 选择市场氛围好的时候上市

2 选择同类股票市场表现好的时候上市

3 选择在企业最高估值点上市

4 选择企业成长期上市

图 7-4　上市时机的选择

1. 选择市场氛围好的时候上市

企业应当选择市场气氛较好的时候上市，即所谓“骑牛上市”，因为在股市活跃期，投资者信心充足，上市容易形成热买点，获得的发行市盈率也较高；反之，在股市低迷或是恢复时期内上市，资本需求减少，市场交易清淡，投资者意愿甚低，上市容易受挫。

新浪 2000 年 4 月 14 日在纳斯达克上市，作为第一家在美国高科技股市纳斯达克挂牌上市的纯中国网络公司，新浪以每股 17 美元发行了 400 万股，共筹资 6800 万美元，引发不小关注。

但是外界普遍认为新浪错过了最好的上市时机。因为新浪在上市时，纳斯达克股市正面临着成立以来最大幅度的调整。2000 年 4 月 14 日，纳斯达克综合指数比 2000 年 3 月 10 日创下的 5048 点的收盘记录下挫 32%，股市低迷严重挫伤了投资者的积极性，使投资者对中国概念网络股的热情和预期大不如从前，甚至掀起了抛售风潮。而新浪选择在这个节点上市，股价必然会受影响。

如果新浪按照最早预计的 1999 年六七月间上市，无论是发行价还是筹资额可能都会翻倍。中华网 1999 年 7 月在纳斯达克上市，发行 420 万股普通股，每股最后定价为 20 美元，共筹资 8600 万美元，而且开盘即冲到 60 美元，交易第一天便突破 100 美元大关。而新浪无论是业绩还是知名度都远超中华网，可以判断股价至少应该高于中华网。

2. 选择同类股票市场表现较好的时候上市

在同类股票市场表现较好的时候上市，将会提高上市成功几率，获得较高的股票发行价格。

2016 年可谓是快递行业的元年，圆通、中通、顺丰、韵达、申通都集体异动，不是已成功上市，就是摩拳擦掌准备上市。这和快递行业股价整体走势良好有关。

3. 选择在企业最高估值点上市

从金融行为理论的角度来说，高估值通常都会引发投资者情绪高涨。如果企业选择在此时上市，可以极大地降低企业的筹资成本。

2017 年 1 月 18 日，韵达在深圳证券交易所挂牌上市，正式登陆资本市场。之所以选择在这个节点上市，就是因为当时韵达估值高达 180 多亿元。

4. 选择在成长期时上市

企业在资本市场的融资能力与自身的价值有很大的关系。一般认为处于成长期的公司，因为有成长空间、溢价空间的存在，受到市场投资者追捧的可能性较大，上市难度小，也容易获得较高的市盈率。

评判企业是否处在成长期，可以从财务数据入手。阿里巴巴上市前业绩增长接连创下新高。根据雅虎财报披露：阿里巴巴集团2013年第一季度营收13.8亿美元，同比增长71%，实现净利润6.69亿美元，同比增长两倍；阿里巴巴2013年第四季度的营收同比增长66%，至30.6亿美元，利润同比翻番，达到13.5亿美元。2013年全年营收79.5亿美元，净利35.4亿美元，净利率达44.5%。从这些数据，投资者看到了股利增长的机会，由此迅速推动阿里巴巴进入资本市场。

7.3 选择上市地点，符合发展目标与诉求

上市地点，可以选择境内，也可以选择美国、新加坡等境外市场。具体来说，境内和境外上市的区别如下（见表 7-3）。

表 7–3　境内外上市的区别

	境内	境外
估值水平	境内 A 股市场的优势在于市场估值的整体水平相对于国际主要市场偏高，能让企业发行同样多的股票融到更多的钱。这是由境内的资金环境、监管环境、投资者构成等众多因素造成的，在短期内这一现象不会改变	除了规模较大，处在高成长行业和新兴行业的企业外，境外市场一般不会给予太高的估值
上市制度	境内实行核准制，不仅要充分公开企业的真实状况，而且还必须符合有关法律法规和证券主管机关规定的必备条件。证券主管机关有权否决不符合规定条件的股票发行申请。证券主管机关除了进行注册制所要求的形式审查外，还关注公司的法人治理结构、营业性质、资本结构、发展前景、管理人员素质、公司竞争力等，并由此作出公司是否符合发行条件的判断	境外多实行注册制，有清晰的法律标准，只要符合这个法律标准就可以注册上市，制度上更加宽松

续表

	境内	境外
上市时间	境内A股上市需要经历股改、辅导、审批、排队、发行等多个环节，过程漫长且复杂，一般需要1～3年，甚至更长。此外，审批机构经常要根据宏观政策或者市场情况，控制新股发行的节奏，例如2015年境内IPO暂缓，又延缓了企业上市的时间	海外市场制度成熟、审批机构运作透明高效、独立于其他政府行政部门的特质让企业上市时间大大缩短，如果企业自身不存在特殊重组的情况，企业上市时间只需要6～9个月
盈利性	境内上市有严格的盈利指标要求，如主板要求发行人最近三个会计年度净利润均为正且累计超过人民币3000万元，这些都在客观上提高了上市门槛	国外条件要宽松一些，只要你未来成长性好，有前景，即使目前亏损也能上市
股权结构	境内上市要求同股同权，不允许双重股权制度	允许双重股权制度
上市费用	相较于境外，境内上市费用较低，大概占融资额的比例为4%～5%	境外上市成本很高，如在纳斯达克、纽交所上市，光保荐人费用就需要千万元人民币以上。除此之外，还必须承担上市年费、投资者关系维护费、法律顾问费、审计费、信息披露费等高额维护费用，上市费用占融资额的比例高达15%～25%，远高于境内

除了境内外市场本身的因素，企业在选择上市地点时，还要考虑业务规模、所处行业、未来战略、控制权维持等自身因素（见图 7-5），使其符合发展目标与诉求。

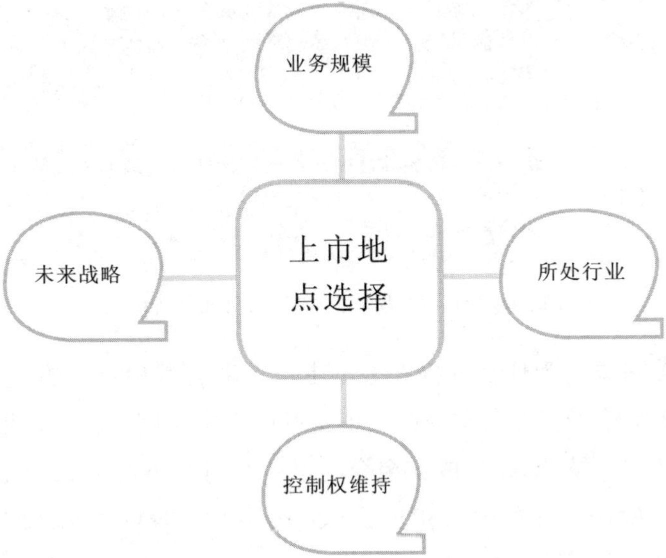

图 7-5　选择上市地点时企业要考虑的自身因素

从业务规模的角度来看，那些来自于传统行业且规模较小的企业应该尽可能选择在境内上市。因为境内上市成本低、估值高，所获得融资能力更强。对于规模较大的企业，以及高成长行业和新兴行业的企业，境外市场往往能给予较高的估值。

从行业角度来看，如果企业存在以下情况（见图 7-6），则可以优先到境外资本市场上市。

IPO　企业来自品牌消费、零售渠道、新能源、装备制造、矿物资源等境外投资者认知度较高的行业

IPO　存在于互联网、连锁教育等新兴行业中的企业，往往不能满足境内 A 股对盈利性的要求，而境外资本市场却能欣然接受

IPO　房地产、纺织、玻璃、造船、钢铁等受国家产业政策调控的民营企业，本身很难再境内上市，即使上市未来的再融资也很难

图 7-6　可以优先境外资本市场上市的 3 种情况

比如，美图秀秀为什么选择在香港上市？港交所相对少的技术公司比例，可能会让分析师给予美图公司更高估值是其中一个原因。另外，根据美图秀秀公布的财务数据，从 2008 年成立至今，累计亏损 62.6 亿元人民币，扣除可转换可赎回优先股的公允价值（50.7 亿元人民币）和股权激励（5270 万元人民币）之后，累计实际亏损 11.38 亿元人民币。预计到 2017 年底，公司仍维持亏损状态。仅盈利性这一条，美图就很难符合 A 股上市的要求。

从未来策略的角度来看，如果企业未来的战略规划包括海外市场，那么在境外上市则会给企业在国际上市带来知名度，同时为集资与并购带来极大的便利。

例如阿里巴巴、京东、聚美优品、新浪微博等都在境外有业务或者准备在海外发展业务，因此选择了将美国作为自己的上市地点。

从控制权角度来看，境外资本市场允许双重股权制度的存在，更有利于创始团队维护控制权。

阿里巴巴、京东之所以选择美国上市，一个现实原因就是境内不允许双重股权制度的存在。要想登陆境内资本市场，必须改革股权结构，变同股不同权为同股同权。在这种情况下，马云不足 10%、刘强东不足 20% 的持股比例，要想维持控制权谈何容易。

7.4 选择上市板块，符合企业实际情况

国内上市的板块有主板、创业板、中小板、新三板，每个板块的要求不同。企业应该根据实际情况，选择适合的板块。

1. 主板上市条件

主板市场也称为一板市场，是我国传统意义上的证券市场。主板市场对发行人的营业期限、股本大小、盈利水平、最低市值等方面的要求标准较高，上市企业多为大型成熟企业，具有较大的资本规模以及稳定的盈利能力（见表7-4）。

表 7–4　主板上市条件

项目	具体内容
主体资格	（1）依法存续且合法经营的股份有限公司 （2）持续经营三年以上，有限责任公司按原账面净资产值折股整体变更为股份有限公司的，持续经营时间可以从有限责任公司成立之日起计算 （3）最近三年内主营业务和董事、高级管理人员没有发生重大变化，实际控制人没有发生变更

续表

项目	具体内容
独立性	（1）发行人具有完整的业务体系和直接面向市场独立经营的能力 （2）发行人资产独立、人员独立、财务独立、机构独立、业务独立 （3）业务独立：发行人的业务独立于控股股东，实际控制人及其控制的其他企业，与控股股东、实际控制人及其控制的其他企业间不得有同业竞争或者显失公平的关联交易
规范运行	（1）发行人已经依法建立健全股东大会、董事会、监事会、独立董事、董事会秘书制度，相关机构和人员能够依法履行职责 （2）发行人内部控制制度健全且能被有效执行 （3）公司章程明确对外担保的审批权限和审议程序，不存在为控股股东、实际控制人及其控制的企业进行违规担保的情形 （4）有严格的资金管理制度，不得有资金被控股股东、实际控制人及其控制的其他企业以借款、代偿债务、代垫资金或者其他方式占用的情形 （5）发行人的董事、监事和高级管理人员已经了解与股票发行上市有关的法律法规，知悉上市公司及其董事、监事和高级管理人员的法定义务和责任 （6）发行人的董事、监事和高级管理人员符合法律、行政法规和规章规定的任职资格
财务要求	（1）发行人近三个会计年度的累计净利润超过人民币 3000 万元，净利润以扣除非经常性损益前后较低者为依据 （2）发行人最近三个会计年度经营活动产生的现金流量净额累计超过 5000 万元或最近三个会计年度累计营业收入超过 3 亿元 （3）发行人最近一期末无形资产（扣除土地使用权、水面养殖权和采矿权等后）占净资产比例不超过 20% （4）发行人最近一期末不存在未弥补亏损 （5）发行前股本总额不少于 3000 万元

续表

项目	具体内容
募集资金用途	（1）募集资金应当有明确的使用方向，原则上应当用于主营业务 （2）募集资金数额和投资项目应当与发行人现有生产经营规模、财务状况、技术水平和管理能力相适应 （3）募集资金投资项目应当符合国家产业政策、投资管理、环境保护、土地管理以及其他法律、法规和规章的规定 （4）发行人应当建立募集资金专项存储制度，募集资金应当存放于董事会决定的专项账户
股本及公开发行比例	（1）发行后股东总额须≥ 5000 万元，公开发行比例须≥ 25% （2）如果发行后股东总额＞ 4 亿元，公开发行比例须≥ 10%

2. 创业板上市条件

创业板市场，又称二板市场，主要为解决创业型企业、中小型企业及高科技产业企业等需要进行融资和发展而设立。与主板市场相比，创业板上市要求在成立时间、资本规模、经营业绩上更加宽松（见表 7-5）。

表 7–5　创业板上市条件

项目	具体内容
主体资格	（1）依法设立且持续经营三年以上的股份有限公司 （2）发行人应当主要经营一种业务，生产经营活动符合法律、行政法规和公司章程的规定，符合产业政策及环保政策 （3）发行人最近两年内主营业务和董事、高级管理人员均没有发生重大变化，实际控制人没有发生变更

续表

项目	具体内容
独立性	（1）资产完整、业务独立、人员独立、财务独立、机构独立 （2）具有完整的业务体系和直接面向市场独立经营的能力 （3）与控股股东、实际控制人及其控制的其他企业间不存在同业竞争，以及严重影响独立性或显失公允的关联交易
规范运作	（1）依法建立健全股东大会、董事会、监事会以及独立董事、董事会秘书、审计委员会制度 （2）内部控制制度健全且被有效执行 （3）发行人及其控股股东、实际控制人最近三年内不存在损害投资者权益和社会公共利益的重大违法行为 （4）具有严格的资金管理制度，不存在资金被控股股东、实际控制人及其控制的其他企业以借款、代偿债务、代垫款项或者其他方式占用的情形 （5）公司章程已明确对外担保的审批权限和审议程序，不存在违规担保的情形
财务与会计	（1）最近两年连续盈利，最近两年净利润累计≥ 1000 万元，且持续增长；或者最近一年盈利，且净利润≥ 500 万元，最近一年营业收入≥ 5000 万元，最近两年营业收入增长率均≥ 30%（2）最近一期末净资产≥ 2000 万元，且不存在未弥补亏损（3）发行后股本总额≥ 3000 万元（4）会计基础工作规范，内部控制制度健全有效，财务会计报告无虚假记载
募资资金运用	（1）募集资金应当用于主营业务，并有明确的用途（2）募集资金数额和投资项目应当与发行人现有生产经营规模、财务状况、技术水平和管理能力等相适应（3）建立募集资金专项存储制度
股本及公开发行比例	（1）公开发行比例须≥ 25%（2）如果发行后总股本 >4 亿股，公开发行比例须≥ 10%。

3. 中小板上市条件

中小板即中小企业板，是中国证监会 2004 年 5 月在深圳证券交易所主板市场内设立的市场，主要针对的是处在成长期、具有区域优势、自主创新能力强、尚达不到主板上市要求的中小型企业（见表 7-6）。

表 7–6　中小板挂牌条件

项目	具体内容
主体资格	（1）依法设立且持续经营三年以上的股份有限公司 （2）发行人应当主要经营一种业务，生产经营活动符合法律、行政法规和公司章程的规定，符合产业政策及环保政策； （3）发行人最近两年内主营业务和董事、高级管理人员均没有发生重大变化，实际控制人没有发生变更
独立性	（1）资产完整、业务独立、人员独立、财务独立、机构独立 （2）具有完整的业务体系和直接面向市场独立经营的能力 （3）与控股股东、实际控制人及其控制的其他企业间不存在同业竞争，以及严重影响独立性或显失公允的关联交易
规范运作	（1）依法建立健全股东大会、董事会、监事会以及独立董事、董事会秘书、审计委员会制度 （2）内部控制制度健全且被有效执行 （3）发行人及其控股股东、实际控制人最近三年内不存在损害投资者权益和社会公共利益的重大违法行为 （4）具有严格的资金管理制度，不存在资金被控股股东、实际控制人及其控制的其他企业以借款、代偿债务、代垫款项或者其他方式占用的情形 （5）公司章程已明确对外担保的审批权限和审议程序，不存在违规担保的情形

续表

项目	具体内容
财务与会计	（1）最近两年连续盈利，最近两年净利润累计≥1000万元，且持续增长；或者最近一年盈利，且净利润≥500万元，最近一年营业收入≥5000万元，最近两年营业收入增长率均≥30% （2）最近一期末净资产≥2000万元，且不存在未弥补亏损 （3）发行后股本总额≥3000万元 （4）会计基础工作规范，内部控制制度健全有效，财务会计报告无虚假记载
募资资金运用	（1）募集资金应当用于主营业务，并有明确的用途（2）募集资金数额和投资项目应当与发行人现有生产经营规模、财务状况、技术水平和管理能力等相适应（3）建立募集资金专项存储制度
股本及公开发行比例	（1）公开发行比例须≥25%（2）如果发行后总股本>4亿股，公开发行比例须≥10%

需要注意的是，在监管制度方面，中小板比主板更为严格。要求企业建立募集资金使用定期审计制度，涉及公司发展战略、生产经营、新产品开发、经营业绩和财务状况等内容的年度报告说明会制度，定期报告披露上市公司股东持股分布制度，上市公司及中介机构诚信管理系统，退市公司股票有序快捷地转移至股份代办转让系统交易的机制。

4. 新三板

新三板是全国性的非上市股份有限公司股权交易平台，主要针对的是科技含量较高、自主创新能力较强的中小股份制企业，由全国中小企业股份转让系统（http://www.neeq.com.cn/index）负责组织安排其股份公开转让，融资并购等业务。

新三板挂牌条件如下（见表 7-7）。

表 7–7　新三板挂牌条件

要求	具体内容
依法设立且存续两年	（1）公司依据《公司法》等法律法规向登记机关申请登记，公司设立的主体、程序、股东出资及比例都符合《公司法》相关规定，并已取得《企业法人营业执照》 （2）公司存续期已满两年，有限公司整体改制可以从公司成立之日起连续计算
业务明确，具有持续经营能力	（1）公司能够明确、具体地阐述其经营的业务、产品或服务、用途及其商业模式等信息。同时经营一种或多种业务时，每种业务应具有相应的关键资源要素，该要素组成应具有投入、处理和产出能力，能够与商业合同、收入或成本费用等相匹配 （2）公司业务遵守法律法规规定，符合国家产业政策和环保、安全。质量等要求 （3）公司具有持续经营能力，在基于报告期内的生产经营状况，在可预见的将来，有能力按照既定目标持续经营下去，不存在对其持续经营产生重大不利影响的各种不利变化，公司营业收入和净利润对关联方或者存在重大不确定性的客户不存在重大依赖

续表

项目	具体内容
公司治理结构健全，运作规范	（1）公司应当按照《公司法》等法律、行政法规和中国证监会的规定，制定公司章程，明确股东会、董事会、监事会和经理层之间的职责划分，建立健全内部组织机构，完善公司治理。全国股份转让系统公司章程的制定和修改，应当经中国证监会批准 （2）公司及其控股股东、实际控制人、董事、监事、高级管理人员等主体资格合法，最近24个月内不存在涉及以下情形的重大违法违规行为：①控股股东、实际控制人受刑事处罚；②受到与公司规范经营相关的行政处罚，且情节严重；③涉嫌犯罪被司法机关立案侦查，尚未有明确结论意见 （3）公司运作合法规范，财务制度健全并且独立核算；有限公司需改制后才可挂牌
股权明晰，股份发行和转让行为合法合规	（1）公司的股权结构清晰，权属分明，真实确定，合法合规，股东特别是控股股东、实际控制人及其关联股东或实际支配的股东持有公司的股份不存在权属争议或潜在纠纷 （2）公司的股东不存在国家法律、法规、规章及规范性文件规定不适宜担任股东的情形 （3）公司的股票发行和转让依照法律程序进行，不得违规操作。不存在下面情形：最近36个月内未经法定机关核准，擅自公开或者变相公开发行过证券；违法行为虽然发生在36个月前，目前仍处于持续状态
主板券商推荐并持续督导	（1）申请挂牌公司应当与主办券商签订《推荐挂牌并持续督导协议》，按照全国股份转让系统公司的有关规定编制申请文件，并向全国股份转让系统公司申报 （2）主办券商应完成尽职调查和内核程序，对公司是否符合挂牌条件发表独立意见，并出具推荐报告

7.5 选择上市模式，适合的才是有利的

企业上市模式有两种，直接上市和借壳上市。

1. 直接上市

直接上市是指公司通过常规渠道实现上市，即境内的股份有限公司直接向证券主管部门申请发行登记注册，并发行股票或其他衍生金融工具的行为。

直接上市一般经过下面几个阶段（见图 7-7）。

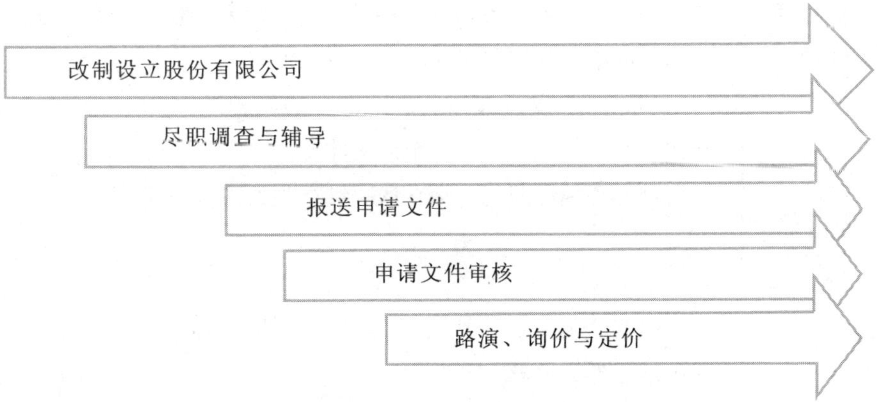

图 7-7　直接上市流程

直接上市每个阶段的具体工作内容和所需时间，如表 7-8 所示。

表 7–8　直接上市各个阶段的工作内容与时间

工作阶段	工作内容	所需时间
改制与设立股份公司	（1）企业拟定改制重组方案，聘请证券中介机构对方案进行可行性论证 （2）对拟改制的资产进行审计、评估，签署发起人协议，起草公司章程等文件 （3）设置公司内部组织机构，设立股份有限公司	视实际情况
尽职调查与辅导	（1）向当地证监局申报辅导备案 （2）保荐机构和其他中介对公司进行尽职调查、问题诊断、专业培训和业务指导 （3）完善组织机构和内部管理，规范企业行为，明确业务发展目标和募集资金投向 （4）对照发行上市条件对存在的问题进行整改，准备首次公开发行申请文件 （5）当地证监局对辅导情况进行验收	视实际情况
申请文件的申报	（1）企业和证券中介按照证监会的要求制作申请文件 （2）保荐机构进行内核并向证监会尽职推荐 （3）符合申报条件的，证监会在 5 个工作日内受理申请文件	2～3月

续表

工作阶段	工作内容	所需时间
申请文件的审核	（1）证监会对申请文件进行初审，如申报中小板还需征求发行人所在地省级人民政府和国家发改委意见，如申报创业板无需征求意见 （2）证监会向保荐机构反馈意见，保荐机构组织发行人和中介机构对相关问题进行整改，对审核意见进行回复 （3）证监会根据反馈回复继续审核，预披露申请文件，召开初审会，形成初审报告 （4）证监会发审委召开会议对申请文件和初审报告进行审核，对是否同意发行人上市投票表决 （5）依据发审委审核意见，证监会对发行人申请做出决定	3~9月
路演、询价与定价	（1）发行人在指定报刊、网站全文披露招股说明书及发行公告等信息 （2）主承销商与发行人组织路演，向投资者推介和询价，并确定发行价格	3~4周
发行与上市	（1）根据证监会规定的发行方式公开发行股票 （2）向证券交易所提交上市申请 （3）在登记结算公司办理股份的托管与登记 （4）在交易所挂牌上市。	3~4周

2. 借壳上市

借壳上市，是指一家实力雄厚的非上市的公司，通过收购、资产置换等方式获得一家上市公司的控制权后，将母公司资产注入到该上市的子公司中，来实现母公司的上市。

圆通就是采用这种方式实现了上市。通过资产置换，圆通获得了对上市公司大杨创世的控制权，然后将资产注入大杨创世来实现圆通上市。

借壳上市流程见图 7-7。

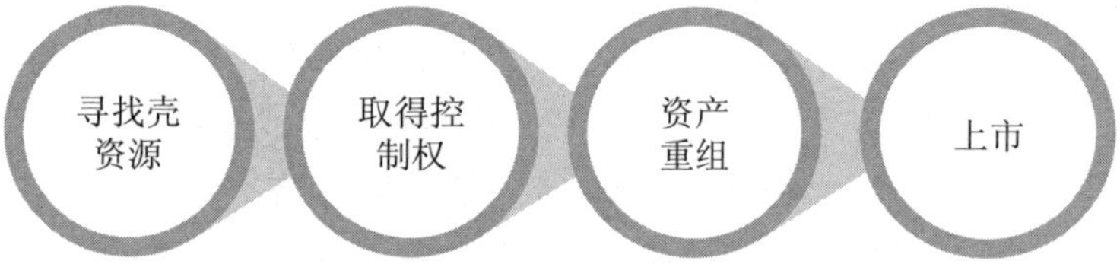

图 7-7　借壳上市流程

第一步，寻找壳资源。

从理论上来说，所有上市公司都可以是壳资源，但在实践中，壳资源的选择还要考虑市值、股本、股权结构等因素。

一般来说，选择壳公司时，市值低、股本小、所在板块好、股权结构清晰是最基本的。

市值低，购买壳公司的成本就低；股本小，意味着重组后的每股收益高；所在板块好，后续融资能力强；股权结构清晰，便于通过监管机构的审核，顺利实现资产剥离或注入，以及借壳方对控股权的变更。

顺丰速运之所以选择鼎泰新材作为壳公司，也是基于这几点考虑。

鼎泰新材 2016 年 4 月停牌时股价 27.7 元，总股本 1.17 亿股，总市值为 32.24 亿元。作为 A 股的上市公司，市值低，股本小，所在板块好，收购成本低。有利于顺丰以较低的借壳成本获得上市后强大的融资能力。

鼎泰新材主营业务单一，主要生产、销售稀土合金镀层钢丝、钢绞线和

PC 钢绞线等金属制品，且资产价值不高。2015 年底公司资产总计 8.87 亿元，股东权益合计 7.08 亿元。方便顺丰将其资产置换出来。

和强势的顺丰相比，鼎泰新材业务发展缓慢。2013 到 2015 年度，主营业务收入分别为 7.22 亿元、8.13 亿元和 6.68 亿元，净利润分别为 4028.10 万元、2412.44 万元和 2513.06 万元。顺丰资产极为优质，经营业绩也很出色，在这次交易中有极强的议价能力。

从合规角度来说，鼎泰新材股权结构清晰。自上市以来公司控制权没有发生变化，控股股东、实际控制人均为刘冀鲁。上市公司最近三年也不存在重大资产重组情形。上市公司及高管人员诚信良好，不存在被违法违规被证监会立案调查或者行政处罚的情形。

第二步，取得控制权。

壳公司控制权的取得通常有以下三种方式（见图 7-8）。

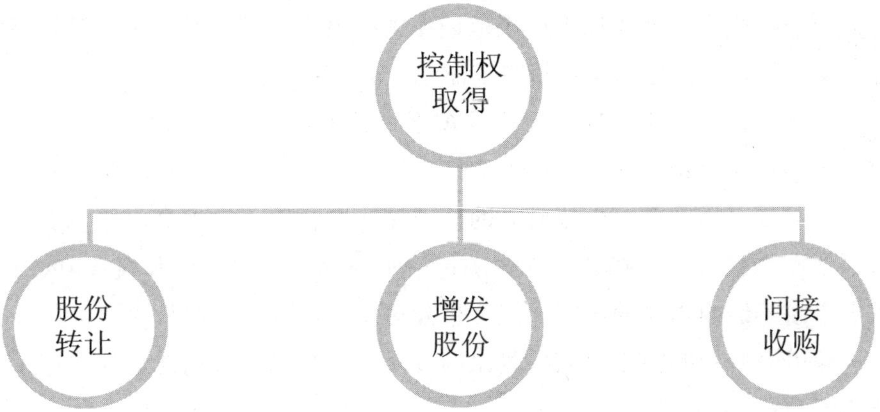

图 7-8　取得壳公司控制权的三种方式

股份转让方式：收购方与壳公司原股东协议转让股份，或者在二级市场收购股份取得控制权。

增发新股方式：壳公司向借壳方定向增发新股，并达到一定比例，使借壳方取得控制权。

间接收购方式：借壳方通过收购壳公司的母公司，取得对上市公司的实际控制权。

实践中，最常用的是定向增发模式。通过参与壳企业定增的方式，注入资金，逐步获取公司的控股权，绕开重大资产重组的复杂流程。待获得控股权后，再定增购入标的资产。

英雄互娱就以定增的方式，取得了对新三板挂牌企业塞尔瑟斯的控制权。英雄互娱旗下的天津迪诺投资管理有限公司以现金方式先后多次参与塞尔瑟斯的定向增发，合计股份 48 095 831 万股，占比 45.862%，成为塞尔瑟斯第一大股东及实际控制人。

第三步，资产重组。

交易双方对涉及的资产进行重组，包括壳公司原有资产负债的置出和借壳企业资产负债的置入。

第四步，上市。

向壳公司所在地证监局报送规范运作情况报告，聘请具有主承销商资格的证券公司进行辅导，申请发行新股或证券。

一般来说，借壳上市在时间上要短于直接 IPO，比如圆通借壳上市仅用 9 个月，可谓神速。但由于壳资源稀缺，“壳市场”信息不透明，找壳成为许多拟上市公司最大的难题。而拟借壳的公司往往对时效要求很高，导致卖壳方奇货可居，而买壳方饥不择食，壳资源价格水涨船高。另外，和直接 IPO 相比，借壳上市由于结构本身的原因，拟上市公司原控股股东的股权比例被稀释会更严重，即借壳后新的控股股东持股比例较低。这些都是公司在选择上市模式时需要考虑的。

7.6 收购与反收购，控制权博弈的道法术

从云南白药到上海家化，从万科到格力，从山水水泥到南玻集团，回顾近几年的资本市场，控制权争夺正与上市公司如影随行。随着二级市场举牌和协议转让越来越密集，收购与反收购已成为资本市场的常态。面对来势汹汹的各路资本，如何保护自己一手养大的“孩子”，控制权博弈中的道法术将成为你手中的“尚方宝剑”（见图 7-9）。

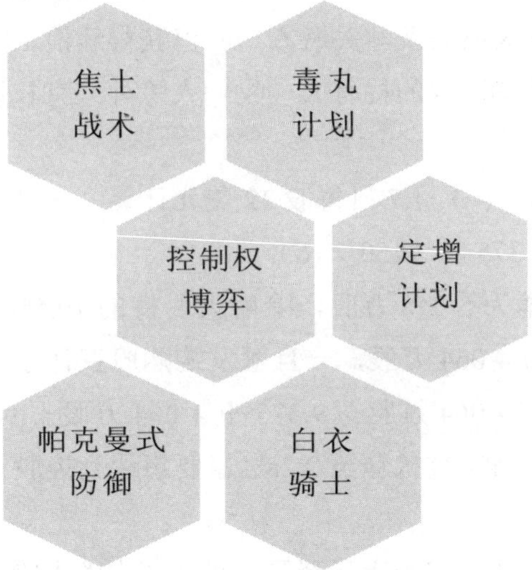

图 7-9　控制权博弈中的道法术

7.6.1 毒丸计划

“毒丸计划”是一种提高企业并购成本，使目标企业的并购吸引力急速降

低的反收购措施。

当一个公司遇到未经认可的收购，尤其是当收购方占有的股份已经达到10%到20%的时候，公司为了保住自己的控股权，就会大量低价增发新股。目的是摊薄收购方手中的股票，让其持股比例下降，同时也增大了收购成本。让收购方无法实现控股目的。

2005年3月，针对盛大同控股股东地平线媒体有限公司在公开市场收购并意图控制新浪的行为，新浪管理层明确表态不欢迎，同时抛出"毒丸"计划，以反击盛大收购。

按照该计划，于股权确认日当日记录在册的每位股东，均将按其所持的每股普通股而获得一份购股权，这个购股权的行使额度是150美元。在购股权计划实施的初期，购股权由普通股股票代表，不能于普通股之外单独交易，股东也不能行使该权利。只有在某个人或团体获得10%或以上的新浪普通股或是达成对新浪的收购协议时，该购股权才可以行使，即股东将有权以半价增持新浪公司的普通股。因为盛大及其关联方当时已获得新浪19.5%的普通股，购股权计划被触发，新浪购股权的持有人（收购人除外）有权以半价增持新浪公司的普通股。

以新浪截至2005年3月7日每股32美元计算，一半的价格就是16美元，新浪股东可以购买9.375股（150÷16）。

当时新浪总股本为5 048万股，除盛大所持的19.5%（984万股）外，能获得购股权的股数为4 064万股，一旦触发购购股权计划，那么新浪的总股本将变成43 148万股（4 064万股×9.375＋4 064万股＋984万股）。这样，盛大的持股比例将由19.5%被稀释至2.28%。要想达到控股目的，必须为收购付出更大的成本。

由此可见，毒丸计划客观上稀释了收购者的持股比例，增大了收购成本。或者使目标公司现金流出现重大困难，引发财务风险，使收购者一接手即举步维艰，感觉好似吞下毒丸，从而达到抵制收购的目的。

7.6.2 定增计划

定增是指上市公司向符合条件的少数特定投资者非公开发行股份的行为。面对市场中的恶意收购者，控股股东可以通过向自身进行定向增发进一步强化对公司的控制力，挫败收购者的收购行为。

例如，新疆阳光电通科技股份有限公司通过定向增发方式，使第一大股东、实际控制人章健的股份由发行前的48.00%增至56.67%，进一步加强其对阳光电通的控制力。

再如，2016年，阳光保险持续买入伊利股份，和阳光人寿合计持有伊利股份5.00%股权，超越伊利董事长潘刚，跃升为公司第三大股东。在这种情况下，伊利紧急停牌，公布非公开发行方案，拟以15.33元/股的价格向内蒙交投、呼市城投、平安资产、金石灏汭、金梅花投资五家特定投资者，非公开发行5.9亿股A股股票。定增方案实施后，伊利的股权结构将发生一定的变化，持股5%以上的股东将由三位变为两位，只剩下呼和浩特投资有限责任公司和香港中央结算有限公司两位，分别持有股份约8.02%和6.26%。而刚刚实现举牌伊利的阳光保险持股比例则将被稀释至4.56%。更好地稳固了现任大股东的地位及话语权。

7.6.3 白衣骑士

当公司遭遇恶意收购时，寻找一个“友好”的，有实力的支持者击退收购者，这个“友好”的支持者被称为“白衣骑士”。例如，在万科股权战争中，深圳地铁曾作为“白衣骑士”出现。

2002年，丽珠集团因管理层与第一大股东光大集团不合，爆发了股权战争。光大集团有意将全部股权转让给合作伙伴东盛科技。

为了阻止公司控制权落入东盛科技之手，丽珠集团管理层主动出击，找到和自身业务互补性强，品牌优势明显，销售渠道广的“白衣骑士”太太药业，将丽珠集团员工持股会持有的丽珠集团的股份以较优惠的价格全部转让给太太药业，以此避免了被非友好方控制，又促进了行业发展，提高了公司的整体质量和竞争力。

7.6.4 帕克曼式防御

帕克曼式防御是目标公司先下手为强的反收购策略。当获悉收购方试图启动收购目标公司的计划时，目标公司针锋相对，抢先收购“野蛮人”的股票，或策划与目标公司关系密切的友好公司出面收购“野蛮人”，从而迫使收购公司转入防御，或至少赢得一定的时间以重新制定防御措施。

举个例子，B 公司在公开市场大举买入 A 公司的股票，意图控股。面对 B 公司的强势进攻，A 公司针锋相对，联合一家友好公司出面收购 B 公司股票。B 公司不得已暂停对 A 公司的收购计划，转而抵御“野蛮人”入侵。A 公司争取了更多时间制定新的防御措施。

7.6.5 焦土战术

“焦土战术”是指目标公司在遇到恶意收购却无力反击时，不得已对公司的资产、业务和财务，进行调整和再组合，以使公司原有“价值”和吸引力不复存在，进而打消收购者的兴趣。

此法因为要去除企业中最有价值的部分，可能让企业陷入破产境地，可谓是“不得已而为之”。

1985 年 2 月，美沙石油公司决心以每股 54 美元的价格对尤诺卡进行全面收购。尤诺卡立即进行反击，提出每股 72 美元买回 5000 万股的“自我股权收购报价”。条件是美沙如果不先买尤诺卡的股票，他们就不买回；如果美沙先买，尤诺卡就得以 72 美元的高价买回美沙所买剩的股票。这么一来，尤诺卡公司就陷入濒临破产的状态，这就是所谓的“焦土战术”。

玉郎国际是香港著名的漫画公司，为了击退强敌的袭击，也曾被迫使用“焦土战术”，将旗下玉郎中心大厦和《天天日报》两项核心资源出售，使收购者因“食之无味”而主动退兵。